今の職場で定年まで働くことに疑問を持つあなたへ

株式会社カバーオールジャパン
小田吉彦 著

出版文化社

本書は2019年6月に発刊された『失敗しないフランチャイズ経営の極意――FCビジネスで社会をイキイキさせる』に加筆修正を行い、新版として発刊されたものです。

はじめに

私が社長を務める株式会社ダイキチは、オーダーマットのレンタルやウォーターサーバーでの飲料水の提供、害虫・害獣駆除サービスなど、人々が衛生的で安心して生活したり仕事に取り組んだりできる環境を整える上で役立つ商品やサービスを提供する会社です。それらのなかで本書において特にその魅力をご紹介したいのが、「カバーオール」というブランド名で、オフィスビルやマンション、病院など各種施設の清掃業務を請け負うビジネスです。

フランチャイズ・チェーン（FC）方式を採って、北海道エリア（拠点：札幌市）、関東エリア（拠点：東京都〔荒川区、千代田区〕、横浜市）、関西エリア（拠点：大阪市、和泉市〔南大阪〕、高槻市、京都市、神戸市、姫路市）、中部エリア（拠点：名古屋市、豊橋市、津市）、広島エリア（拠点：広島市）、九州エリア（拠点：福岡市）にて展開しており、加盟店数は既に1600を超えています（2023年9月時点）。

西日本エリアについては、株式会社ダイキチ（本社：大阪）が、東日本は株式会社ダイオーズジャパン（本社：東京）がそれぞれのエリアフランチャイザーとしてＦＣ本部機能を担っています。

カバーオールビジネスの発祥は米国ですが、日本で20年以上かけてこのビジネスを展開する中で、日本市場に適した独自のフランチャイズ・システムに磨き上げてきました。優れた清掃ノウハウを開発し、確立することは言うまでもなく重要なことですが、それだけでＦＣが有効に機能するわけではありません。「加盟店の方々をはじめ、このビジネスに関与される全ての人々に、いかにイキイキと働き、イキイキとした人生を歩んでいただくか」。我々は、このことを最大のテーマに掲げ、今日まで取り組んできました。

カバーオールのフランチャイズ・システムは、個人が加盟して開業するＦＣとして、これまでとは違う新しいモデルになり得るものだと考えています。特に私が読者の皆さんに伝えたいのは、「事業を興したい」「起業したい」と考える方にとってはもちろん、そうではない方々、たとえば「生活水準を落とさずに済む転職先はないだろうか」「もっとやり甲斐をもって働ける職場はないだろうか」といったニーズをお持ちの方々にとっても、カバーオール事業は最良の選択肢になり得るということです。

ワーカー（就業者／Worker）として何十年かの経験を経て、現在転機を迎えている。独立や転職など、さまざまな可能性を模索しながら就業者としてのセカンドライフを実りあるものにしたい。それに適した新天地を見つけたい――。そのように考えている方々（あえて年齢層を明確化するなら50代、なかでも年金だけでは生活できないと不安に思われる方々）に私の想いを伝えたいと考えて本書を書きました。

既に成熟し切っているとの声も聞こえる日本のFC市場ですが、異なる強みや資源を持つ者同士が協力して新しい価値を創出するFCは、今なお社会的、経済的に意味を持ち、今後もさまざまな可能性を秘めている――。私はそう確信しています。本書を通じて、そうした本質の一端が読者の方々に伝わればうれしく思います。

一方で、カバーオールが蓄積してきたノウハウが、確立した完成版だなどという気は毛頭ありません。我々もさらなる高みに向け、未だ発展途上段階にあります。日々進化したいと願い、このビジネスをともに進めている仲間たちと切磋琢磨を続けています。

本書を世に問うことで、異なる知見を有する幅広い方々と交流したり意見を交わしたりする機会に恵まれること、結果としてより洗練され社会的価値の高いＦＣへと進化するきっかけとなることを願っています。

本書は5章立ての構成になっています。

第1章では、イキイキとした生き方を望みながらも、それがなかなか叶わない近年の中高年の状況について概観するとともに、独立起業を志しているわけではないのに、私たちがフランチャイズ展開しているカバーオール事業への加盟を希望される方が増えている、その事情や背景について紹介します。

第2章では、日米両国におけるＦＣの歴史や現状について紐解いた上で、カバーオールのユニークなフランチャイズ・システムについて説明します。先輩である米国の黎明期のＦＣが、今日日本で理解されている一般的なＦＣとはかなり様相を異にすること、カバーオールの事業モデルが米国での初期型ＦＣに近いことなどがご理解いただけることでしょう。

第3章では、私どもがさまざまな課題に直面しながら、独自性の高い現在のカバーオール事業をどのように確立していったのかについて述べます。フランチャイズ・システムにおける最も重要なテーマは、本部と加盟店の関係性をどのように位置づけるかということです。それについても言及します。

第4章では、さまざまな地域にて加盟店として活躍されている7名に、どのような経緯や理由でカバーオールに加盟することになったのか、加盟してから今日に至るまでの苦労、この事業のやり甲斐などについて語っていただきました。

最終第5章では、加盟店の方々に安心して清掃業務に邁進していただける体制を整えるべく、本部業務がいかに進められているか、営業活動や組織運営を中心に当社のマネジメントについて紹介します。

本書を開いてくださった全ての方々にとって、フランチャイズ・ビジネスに対する正しい評価やその魅力の再発見につながる、新たな気づきがあることを願っています。

※本書に記載の「カバーオール」はカバーオール ノース アメリカ インコーポレーテッドの商標です。

目次

第3章 カバーオール事業の理念とそのはじまり 89

第4章　こうしてオーナーになった私たち――カバーオール加盟者の声――121

おわりに——196

第1章　中高年の仕事人生の再生に向けて

イキイキと働くとは

イキイキとした人生を送る……簡単なようで難しいことだと思います。

友人と酒を酌み交わして本音で語り合ったり、子どもが成長を遂げる瞬間に立ち会ったり、自分の仕事ぶりをお客様や周囲の人々が評価してくれたり……あなたにも、人生や日々の生活を豊かにしてくれる、そのような時間や体験があると思います。

どんな出来事に価値を感じ、どんなときに充実感を抱くかは、人それぞれですが、私自身について申し上げるなら、充実感や達成感を持ちながら働き、楽しさや幸福感のある私生活を送り、その両者のバランスがとれている状態、とでも言えるでしょうか。

仕事はお金を稼ぐ手段に過ぎないから、イキイキとか充実感とか、そういうものは期待していない。そもそも働かずして暮らしていけるならそれで十分ではないか。そんな風に思われる方もいるでしょう。

それを否定はしません。お金を稼ぐことにこだわるべきとも思いません。でも人間には社会的な側面があります。家族や気の合う仲間と過ごす「私」の面に加えて、社会の中で何らかの役割を果たすことで人生をより豊かにできるのではないか。私はそんな風に考えています。

でもこれがとても難しい。学校を卒業し、社会に出て間もない若者の場合は、覚えたり学んだりすることが数多くあります。失敗もするでしょう。でもそれら一つひとつをマスターして周囲の期待に応えながら、自分なりのやり方を少しずつ見いだしていくことで刺激的でハリのある働き方ができると思います。

それが中高年になると、どうでしょう。同じ仕事を続けていても、経験年数に応じてスキル等が高まるのは最初の数年で、その後、新鮮な気持ちを維持するのは難しく、惰性に流れてしまう、もしくは体力の低下などによりパフォーマンスが低下するケースもあるでしょう。さまざまな努力や研鑽により、パフォーマンス向上に努めていたとしても、ベテランだからという理由で、本人が望んでもプレイヤーとしての職務、いわゆる現場から外されるかもしれません。管理職のポストは限られ昇進できるとは限りません。

なんらかの理由で転職を考えたとしても、処遇ややり甲斐などの面で、前職と同等以上の職に就ける可能性は高くありません。中高年がイキイキと働き続けるのはなかなか容易ではない。それが現実です。

めざすは「イキイキさせ屋」

「はじめに」でも少し触れましたが、私が社長を務める株式会社ダイキチは、大阪に本社を構え、衛生や安心に関するサービスを展開しています。もっとも大きなウエイトを占めるのが、「カバーオール」という名称で展開する清掃のフランチャイズ・ビジネスです。

でもこれは事業およびサービスの名称であって、自分たちの社会における存在価値、社会的使命は「イキイキさせ屋」……それが私たちの本当の仕事だと位置づけています。むろん最初からこんな変わった理念、目標を掲げていたわけではありません。当時、経営者として未熟だった私は、清掃サービスを展開するなかで、売上と利益の拡大ばかりに血道を上げていましたが、私自身も社員たちも幸せではありませんでした。

私が入塾した盛和塾の方々の助言もあり、経営の本質に目を向け始めました。自分たちのこれまでの歩み方を踏まえ、本来はどうあるべきかを、社員とともに徹底的に考え抜きました。その結果、導き出されたのが「イキイキさせ屋」でした。

社員全員がイキイキと働く。加盟店の方々は清掃業務にイキイキと取り組み、お客様にイキイキと過ごせる環境を提供する。そんな流れを伝播させ、我々に関わる全ての人を、最終的には日本全体をイキイキとさせていく――そんな将来像を描いたのです。

むろんまだ道半ばですが、十分な手応えを感じています。売上や利益は順調に伸びていますが、それが理由ではありません。カバーオールには、ダイキチとダイオーズジャパンを合わせて1年間に150人ほどが新たに加盟されますが、既存の加盟店からの紹介により、契約に至った方も少なくありません。多少のお礼はするものの、それを目当てに紹介してくれるわけではありません。

掃除の仕事に特に興味があるわけではないけれど、いつも隣の会社に掃除に来るカバーオールの○○さんのようにイキイキと仕事をしている人にはめったにお目に掛からない。どうせ新たな仕事に就くなら、あんな風に毎日張り合いをもって続けられる仕事がしたい。今度見かけたら、本部の方に紹介して欲しいと彼に頼んでみよう――そんな形で加盟を希望される方が少なくありません。

まさしく先ほど述べた通り、イキイキが媒介する形で、フランチャイズ・チェーン（FC）として成長を続けており、この流れをもっと大きなものにしていくことで、社会に貢献していきたいと考えています。

「掃除の仕事でイキイキできるなんて眉唾ものだ」といった感想を持たれる方もいるかもしれません。ただ、あなたがこの本を手に取っていただいたということは、現在の仕事に今ひとつやり甲斐を感じられないとか、今はそれなりに満足していても、今後については懸念があるとか、何か心の中に引っかかりがあるのではないでしょうか。

そういう方は、ぜひこのまま本書を読み進めてみてください。実際の加盟者の声も紹介しますので、あなたがイキイキと働くためのヒントもきっと見つかると思います。

職場環境の大切さ

「イキイキ」というのは、めざすべき重要なものと私たちは位置づけましたが、曖昧な表現で、客観的・定量的に判定することは困難です。時の経過とともに変動するものでもあります。

趣味など、好きなことを仕事にして食べていける人は、本当にごく一部で、我々はそういう人に羨望の眼差しを向けたりします。でも、スポーツ選手やアーティストなど、それを叶えたように見える人に実際に話を聞いてみると、「そうした道を選んだ以上、それで結果を出し続けなくてはならないというプレッシャーは大きく、遊びでやっていた頃のように純粋に楽しめなくなる。趣味を仕事にするのはオススメしない」といったことを言う人もいて、仕事とは実に難しいものだと考えさせられます。

このように、どのような仕事に従事すればイキイキと働けるか、と考えると、趣味が人それぞれ、千差万別であるように、答えなど見つからず袋小路に入ってしまいます。

私自身、色々な仕事、立場、職責を経験し、またさまざまな人と働いたり、対話したりするなかで感じているのは、仕事そのものよりもどのような職場で働いているかに大きく左右されるのではないかということです。

具体的には、自身の社会的価値や、仲間やお客様にとっての存在価値を実感できるような環境で働いている人にイキイキしている人が圧倒的に多いということです。その価値の証として、それなりの報酬を得て、ワークライフバランスが保たれている（と感じている）人ならば、なおその確率は高まります。

同じ営業マンという仕事であっても、会社や上司などが整備する就業環境次第で、モチベーションは大きく変わってくるということです。むろん本人の努力で、変えられる面も少なからずあると思います。

イキイキを阻害する「不安」

これまで、どのような仕事や職場ならばイキイキ働けるか、という話をしてきましたが、ここでは逆方向から考えてみたいと思います。つまり、こういう状態に置かれると、たとえ他の面が充実していても決してイキイキとは働けない――そういう状況です。一言で言うならば、仕事をする上で、「不安」「不満」「不信」という「3つの不」のいずれかを感じていて、それが解消されるイメージを持てないということです。

不安については、仕事での成果やお客様との関係性について悩むこともあれば、意識している時間軸も人それぞれでしょう。ただ多くの中高年就業者が最も抱きがちなのが経済面（金銭面）での懸念ではないでしょうか。

たとえばこのまま勤め続けた結果、役職定年を迎え、給料が大幅に下がり、退職金も期待していた額に及ばないなど、リタイアした後の生活が立ちゆくだろうかといった将来不安を持つ人は少なくありません。全ての不安要素について詳細に言及していくのは難しいので、ここではお金の面についてフォーカスしてみたいと思います。

現在50代前半の方が20歳頃だった1990年、郵便貯金の定期貯金の金利は6・08％

でした。利回りが年6%ということは、12年間放置しておけば2倍になるということです。もう少し安全にお得に増やしたければ、国債を買えば7%超の金利が得られました。元本確保型の商品だけでお金を増やせたこの時期を、体験的に覚えている方にとっては現在の運用環境を本当に恨めしく思っているでしょう。

近年は、日本政府の働きかけもあって、多少変わりつつあるものの、これまでほとんど金融教育がなされてこなかった日本では、資産のほぼ全てを預貯金で持つ人が大半を占めてきました。

公益財団法人の生命保険文化センターが行った調査「2022年度 生活保障に関する調査」(2023年3月発表)によれば、「夫婦2人で老後生活を送る上で必要と考えられる最低日常生活費」として平均月額は23・2万円、「ゆとりある老後生活費」としては平均37・9万円とのこと。一方、日本年金機構が2021年4月分以降の直近の標準的な厚生年金(夫婦2人分の老齢基礎年金を含む標準的な年金額)として公表している金額が22万496円なので、ゆとりある老後生活費との差額としては約16万円ということになります。計算を簡単にするために15万円とすれば、1年(×12カ月)で

180万円になります。

もし今後も預金など元本を毀損する可能性のある金融商品を避け、さらにゼロ金利に近い金利水準が続いたとしたら、年金をもらい始める65歳までにどれくらいのお金を貯める必要があるでしょうか。

2022年時点での平均寿命は、男性が81・05歳、女性は87・09歳なので、間をとって65歳から20年間としましょう。ざくっとした計算ですが、180万円×20年＝3600万円ということになります。

読者のなかには、2019年に、金融庁のワーキンググループの報告書に記載された、年金とは別に2000万円（高齢者夫婦からなる世帯当たりの金額）が必要だという、いわゆる「老後2000万円問題」が話題になったことを覚えている人も多いでしょう。

実はこの金額は、65歳の夫が95歳まで生きた場合を想定した試算とのこと。前述の「ゆとりある老後生活」を送るには……ましてや95歳をターゲットとするならば、かなりの上積みが必要になりそうです。

では、実際に多くの日本人はそのための準備がどの程度できているのでしょうか。堅実な日本人は、厳しい国家財政を横目で見ながら、コツコツと金融資産を蓄積してきました。個人の金融資産は今や2000兆円とも言われます。そして、徐々に割合は減ってきているものの、今なお現預金が過半を占めます。

金融広報中央委員会が実施した「家計の金融行動に関する世論調査」（2022年）の結果によれば、2人以上世帯の平均保有額の平均は1291万円です。それなりに老後の蓄えが進んでいると思われるかもしれません。でもこういう統計は数少ない億万長者が平均を引き上げた結果が示されるので、実像を知るには中央値（多い人から順番に並べたときの真ん中の人の数字）で判断する必要があります。

同じ調査で示された（2人以上世帯の）中央値は約400万円。当然これも高齢者層に偏在しているので、50代では350万円、40代の中央値は約250万円という結果です。公的年金だけで老後の生活資金が賄えると考えている人はほとんどいないのに、実際にそれを補うための資産形成が進んでいない姿が浮かび上がってきます。多くの中高年が、経済面の将来不安を抱いているのも頷けます。

イキイキを阻害する「不満」および「不信」

不満と不信については、必ずしも明確に区分できないケースもあるので、一緒に話を進めていきます。「不満」というのは、「夫への不満」「親会社への不満」など、相手が明確な場合もあれば、必ずしも特定の誰かを対象にはしていないものの、自分が置かれた現状に対する漠然とした不満（社会に対する不満と言い換えることができるかもしれません）を抱くこともあると思います。

それに対して「不信」というのは、基本的には対象がはっきりしているものです。たとえば、個別の出来事やそれに対して責任を負うべき個人や組織に感じた不満が、その後も、自分の思ったような方向で解決も軽減もされない、それどころか繰り返されたとき、我々はその相手に対して不信（感）を抱くものです。

例を一つ挙げてみます。日本の名だたる企業の多くが、数年前から急に「ジョブ型雇用」

という人事システムに取り組み始めました。会社が決めた職務や勤務地などについての指示に従って勤務する従来の「メンバーシップ雇用」に対して、ジョブ型雇用では、「職務記述書」という形で、その職務に付与される責任や権限、求められるスキルや経験などが明確化され、その条件の下で雇用されることになります。

これまで会社の方針で、メンバーシップ雇用の形で、希望もしていないのに、人事異動という名の社内転職を何度も強いられた。専門性を身につける機会などなく、幅広い仕事をこなすジェネラリストとしての勤務を求められてきた。そのようにして入社後20年を経たある日、「これからわが社はジョブ型雇用だ！」との宣言がなされ、高い専門性を備えたプロフェッショナル人材でなければ、今後は重要なポストに就くことはできません——あなたの会社でそのような制度が始まったとしたらどうでしょうか。

さらに近年、ジョブ型雇用以上にあちこちで耳にするようになったのは、「リスキリング（Reskilling）」という言葉です。ニュース番組などでも、経済の専門家や企業経営者がこれを多用しています。首相までもが、議会答弁や「新しい資本主義実現会議」

など各種会議の場で繰り返し用いています。直接的には、「技能（スキル）の再習得、学び直し」といった意味になるでしょう。

先日、あるテレビ番組で取り上げられていたときには、就業時間内に、業務の一環として、（給料を受け取りながら）学ぶのがリスキリングだと定義づけていました。対象となるのは、主に40代以上のベテラン社員です。

世の中や事業環境が変化し続けるなかで、学生の頃に学んだ知識（専攻）や入社して間もない頃に受けた教育だけで、成果を上げ続けるのは難しい。リスキリングの必要性を強調される方が述べるこうした主張は、理屈としては間違っていないと思います。

大手企業の経営層の多くが、リスキリングに絡めて「ＤＸ（デジタルトランスフォーメーション）人材の育成」といった言葉、概念を目標像として提示します。確かに中高年であっても、人間には色々な可能性がありますし、本人のやる気と会社のサポートによって、これまでとは異なる分野で収益に貢献できるスキルが習得できるかもしれません。

ただ、こうした発言や取組みを見ていると、誰かれかまわずプログラマーやＡＩ（人工知能）エンジニア、データサイエンティストなど、ハイレベルのＩＴ人材へと華々しく変貌を遂げることを期待し（求め）ているのではないか。「会社はそのための教育機会を提供しました。これからはジョブ型雇用へと人事制度を刷新します。せっかくの機会を活かせない方は、残念ながら待遇の大幅ダウンを飲んでいただくか、お引き取り願うしかありません……」。そのような経営側の下心が透けて見えるといったら、私の邪推だと言われるでしょうか。

静かなる退職

前項で述べた、リスキリングやジョブ型雇用は、イキイキの阻害要因になる「3つの不」の原因となり得るものを、あくまでも例として挙げました。会社や人によっては、全く別の人事施策等がイキイキを阻害することもあるでしょう。

2022年頃から米国でよく使われるようになった言葉「Quiet Quitting」。日本では「静かな（る）退職」などと訳されています。退職と言っても、会社を去るわけではありません。仕事への熱意や職場に貢献するといった前向きな気持ちを持つことなく、内面的には既に退職してしまったかのような状態で在職し続けることを意味しています。動画投稿サイトでは、この言葉をハッシュタグに、こうした想いを形にした動画が多数投稿され、再生数を稼いでいます。

こうした動きと呼応するかのように、ＨＲ（Human Resources：採用や育成など人的資源管理）の分野では、数年前から「エンゲージ（メント）」という概念が注目されています。我々に馴染みにある言葉は、エンゲージリング（婚約指輪）ですが、Engageには、「約束する」以外にも、「携わる」「引き込む」などさまざまな意味があり、ＨＲで名詞（Engagement）として用いる際には雇用主や組織に対する愛着や思い入れを指します。

日本経済新聞によれば、世論調査などで知られる米ギャラップ社が、従業員エンゲージメント指標を測定すべくグローバル職場環境調査なるものを、１４５カ国で実施したそうです。

その2022年の結果によれば、サンプル数が少なすぎて正確なデータが得られない国々を除くと、仕事への熱意や職場への愛着を示す社員の割合が、日本はイタリアと並んで5％で最下位だったとのこと。この年だけでなく、4年連続で世界最低水準が続いている。そのような内容でした。

日本の従業員の勤勉な執務態度、仕事やお客様に対する真摯な姿勢は、日本（人）の美徳として海外からも高く評価されており、この記事に違和感を持つのは私だけではないでしょう。

以前は、忠誠心や帰属意識を測るものとして「ロイヤルティ／Loyalty」という言葉、概念を使うのが一般的でした。組織に迷惑を掛けることがないよう、責任ある立ち振る舞いをするのがロイヤルティだとしたら、近年は、労使の関係がより対等で、従業員は会社の業績に、会社は個人の人生の充実に、互いに貢献すべくエンゲージメントが重視されている――ということのようです。

新たな概念を持ち出すことで、鉱脈の発掘を目論むコンサルティング会社や調査会社の方便に丸め込まれている気がする一方、個の主体性ある貢献を期待する観点から、そうした捉え方が経営に求められているのかもしれません。そして、後者の立場に立つならば、日本企業の社員のエンゲージメントは、（世界最低というのは承服しがたいものの）他の先進国に比べて劣っている可能性があり、そうだとすれば労使の双方にとって大変不幸なことです。

社会の中で自らをどう活かすか

人と人の間に相性があるように、企業と人の間にも相性があると思います。人と人ならば、「彼とは合わないな」と思えば、それ以降は友人としての付き合いをやめるでしょう。ほとんどの人はそうしていると思います。

人と企業の関係も、そのように考えてよいと私は思います。辞めること、他へ移ることは逃げではありませんし、恥じる必要もありません。より自分にとっての適地、フロンティアを探す。それだけのことです。

確かに就職してしまった会社の姿勢と自分の勤労観が合わない（どこかの時点から合わなくなった）からといって、友人とケンカ別れするかのように「はい、さよなら」といって、袂を分かつのは容易ではないという人もいるでしょう。その気持ちも理解できます。

それでも私は、実際に行動に移すかどうかは別として、「辞める覚悟」と「その際の選択肢」を、一旦は心の中にしたためておくことが大事だと思います。人間、「いざというときにはこうしよう」と腹を決めると、事態が好転し始めて、結果的にそのカードを切らずに済むこともあるものです。

嫌だけれど他にどうしようもないから、Quiet Quitting の状態を続けて時をやり過ごすのは、「あなた」という社会にとっての財産、資源を無駄にする行為です。社会、現在の勤務先、あなた自身……誰にとっても、何一つ良いことはありません。ぜひ他の可能性を探ってください。

「終身雇用時代が終わりを告げ、これからは転職が当たり前の時代になる」

そのような意味合いのことが言われるようになって、既にかなりの年数が経過しました。勤務先を離れることを「退職」とか「離職」と言いますが、日本企業におけるその度合い、つまり「離職率」はいったいどの程度なのでしょうか。

離職率を、簡単に説明するならば「年度初めの時点で在籍していた全従業員のうち、年度末時点でどれだけの人数が退職しているか」を表した値です。厚生労働省の雇用動向調査結果によれば、日本全体でならすと、2021年1年間の離職率は13・9%です（非正規の方の離職を含めての数字）。当然年によって変動しているのですが、その度合いはあまり大きくなく、概ね13～17%の範囲で推移しています。

それはここ5年での話か……いいえ、違います。10年か……いえいえ。なんと1975年から一貫してこの幅にほぼ収まった状態が続いてきたのです。転職は、最近当たり前になったわけでなく、約半世紀前から当たり前だったのです。

この統計では、30人未満、100人未満、300人未満、1000人未満、1000人以上と5分した企業規模別のデータも公表しており、それによれば、転職が多いのは零細企業や中小企業に限った話、というイメージも完全な誤りです（長期的に見ると規模による差はほとんど見られません)。

それではなぜ、多くの人はそのような誤解をしてきたのでしょうか。あくまでも私見ですが、前向きな転職、成功につながる転職よりも、そうではない転職の割合が高かったからだと思います。理由は色々だと思いますが、転職を「前の勤務先を退職+新しい会社への入社」という風に、2つに分けるとするなら、後者よりも前者に重きがあったということでしょう。

一念発起してサラリーマンを辞め、会計士や弁護士になるとか、理想の国や地域を追求すべく政治家に転身するとか、そういう人もいると思います。でもそのように、活躍するフィールドをガラッと変えるような転身はそう多くはありません。一般企業から一般企業への転職では、特に40代以上の方の場合、給料が下がるのが当たり前、前職での待遇が維持されれば御の字というのが世の中の一般的な認識だったと思います。

性別や年齢階級別に見てみましょう。まず男性について。19歳以下は33・6%、20~24歳では24・2%と若年層では高く、年齢を重ねるごとに低下していき、45~49歳で5・0%、50~54歳で5・1%と底打ちして、その後上昇します。女性では45~49歳で10・9%、

50～54歳で10・0％と約2倍の水準です。

男性に限っても、それなりの方が、待遇が低下するリスクを冒しながら、離職・転職を真剣に考え、実際に20人に1人は、それを実行に移しているというのが、統計から浮かび上がる姿です。

中高年が退職を考える理由とは

中高年が転職を考える理由はさまざまです。基本的には前述したイキイキを阻害する「3つの不」に関係した事柄ですが、以下にいくつか具体的に例示してみます。

・現在の会社に将来性がない（先行き不安である）。
・パワハラなどにより気持ちよく働けない。職場の人間関係がストレスでしかない。
・それなりに会社に貢献しようと頑張ってきたつもりだが、自身の仕事ぶりに相応しい評価が得られない。

・これ以上の昇進が見込めない（先が見えている）。それどころか（役職定年などにより）今後、処遇が下がる可能性が高い。
・経営環境が変わり、自分の能力やスキルを活かせる余地が減ってきている。
・社員の危機感をあおろうと、やたらとリストラをほのめかす経営陣、雇ってやっているといわんばかりのオーナー社長の言動に嫌気がさした。
・年老いた親のいる地元にUターン就職して、仕事をしながら世話をしたい。
・自分には合わない会社だと長年思いつつ、経済事情がそれを許さなかったが、（住宅ローンの完済や子どもの独立などにより）事情が変わり、好きな選択が可能になった。
・今の仕事を30年やって一区切りついた。定年まであと10年なので、新しい仕事でもうひと仕事頑張りたい　等々

最後の3つほどは、一見すると「3つの不」に関係なさそうですが、「今のままの状態を続けていては○○できないから」という風に言い換えてみると、やはり全てが「3つの不」に当てはまっているのではないでしょうか。

会社と社員は相互に選択し合うものです。どんな理由であっても、その人の人生を実りあるものにするため、転職を検討するのは「アリ」だと思います。

これまで、日本における「就職」は実質的には「就社」である、ということがよく言われてきました。事業内容は競合他社と似たり寄ったりなのに、コミュニケーションや合意形成、根回しのやり方、報連相など、業務のプロセスについては百社百様である――そのような指摘を、日本企業に対してよく耳にします。会社によって「正しい仕事のやり方」が大きく異なるということは、中途入社者を混乱させる原因になる一方、前の会社で低い評価だった人が新たな職場で、全く異なる評価（高い評価）を受ける可能性もあるということです。

日本企業のそうした部分を前向きに捉えて、今の会社が自分に合わないと思ったら、場所を変えてみることは決して悪い選択ではないと思います。問題は、より良い人生にするための次の活躍の場が見つかるかどうか、ということです。

転職理由から窺える厳しい現実

近年、確かに中高年の転職者数は増えています。

以前であれば、「転職35歳の壁」などと言われましたが、その壁は少しずつ上昇しています。総務省が発表する労働力調査によれば、２０２２年の転職者の総数は３０３万人。そのうち約４割に当たる１２０万人は、45歳以上の方の転職が占めています。また40～44歳までの年齢では、確かに転職によって給料が増えたとする層が増加傾向にあります。

もう一つ、厚生労働省が不定期に実施する令和2年転職者実態調査（２０２１年11月発表）の結果も紹介しましょう。

転職者に新しい勤め先を選んだ理由について、「仕事の内容・職種に満足がいくから」「自分の技能・能力が活かせるから」「地元だから（Uターンを含む）」「賃金が高いから」「（賃金以外の）労働条件が良いから」「安全や衛生等の職場環境が良いから」「会社の規模・知名度のため」「会社に将来性があるから」「転勤が少ない、通勤が便利だから」「前の会社の紹介」「その他」という選択肢を示して尋ねています（3つまで選択可能）。「賃金が高いから」を選択したのは15・1％。5歳刻みで集計がされており、50～54歳に限るとたった6・9％です。20～24歳、35～39歳など、それより若い年齢階級で10％を割り込んでいる年代はありません。

さらに、3つまでの複数回答ではなく、一番重視した理由一つだけを答えてもらった問では、50～54歳で「賃金が高いから」を選んだのはわずか3・5％です。

これは何を意味するのでしょうか。統計を持ち出すまでもないでしょうが、総務省統計局が公表する家計調査年報などを見ても、世帯主年齢で見た生活費のピークは40代と50代です（両者はほぼ同額）。つまり50～54歳というのは、決して必要な生活費が下がる年代ではありません。

確かに最近は、「ハイクラス転職」「プロ経営者」などの言葉もよく耳にします。市場のニーズに加え、人材紹介会社は、転職者の年収に応じた報酬を得るために、経営層を中心に大手企業の部長以上の人材の転職サポートに力を入れています。ただ、望む処遇で転職できる50代転職者は、一握りです。

先ほどの結果を言い換えるならば、給料が重要な条件である年代であるにもかかわらず、その点で満足できる転職先を見つけられた人は極めて少ない。そのような現実が透けて見えます。

条件を満たす転職先が見つからない。どうしますか

ここまで、今のままではイキイキと働くことが難しく、職を変えることを真剣に検討すべき中高年、そして実際に転職を考えている中高年の方は多くいるのに、条件を満たす転職先が見つからず、老後に向けた備えもままならない。その現状について、データも示しながら説明してきました。

既述の通り、私が社長を務める株式会社ダイキチは、人々が衛生的で安心感をもって日々の仕事や生活ができるためのビジネスを展開しています。なかでもカバーオールと

いう清掃事業については、ＦＣシステムを採用して大きく業績を伸ばしています。

これまで私は、カバーオール事業の魅力について紹介する書籍を何冊か書いてきました。数多く存在するフランチャイズ・ビジネスの中で、私どもが磨いてきた独自性の高いノウハウや考え方を知っていただくことで、日本のＦＣ全体がより良いものに深化、進化すればよいという想いがありました。

併せて、何らかのＦＣに加盟することで独立起業をめざしている方々に対して、カバーオールビジネスを選択肢の一つにしていただけるよう、アピールしたいとのねらいもありました。

実際にこれらの著書を読んで、「カバーオールへの加盟を考えているのですが……」とお問い合わせいただくケースもありました。一方で、それとは全く異なる、我々がほとんど想定していないようなタイプの方からの相談や加盟希望も寄せられました。それは転職希望の方、もしくは既に退職していて再就職先を探されている方でした。

確かにＦＣ事業には、本部と同じ商標が使えたり、商品やノウハウの提供を受けたりすることで、何もない状態で同様の事業を行う場合に比べて、リスクを低減できるのが魅力だとされています。それは事実ですが、事業の成功や黒字を保証するものではありません。

開業に際し、これまでに貯めた貯金を充てたり融資を受けたりして、まとまった金額が必要になること一つをとっても、身一つで移ればよい転職に比べ、多くのリスクを背負い込むことになる。覚悟を持って一国一城の主になりたいという人以外は、敬遠するに違いない。私はそう思い込んでいました。

加盟店にとっての失敗リスクの最小化をめざす

ところが現実は違いました。前述したように、独立起業というものに対して、なんら憧れや願望を持っているわけでもないのに、求人募集に応募する転職希望者のごとく、カバーオールの加盟店募集に手を挙げる人が現れ始めたのです。私は驚く一方で、「こういった仕組みや姿勢が評価されているのかな」と思い当たることはありました。

たとえば、数百といった数になれば、そのなかで事業に失敗する加盟店、赤字になる加盟店がやはり一定数出てきます。ではその加盟店やオーナーは、怠け者だったからそのような結果になったのでしょうか。

その可能性もゼロではありませんが、本部の支援が不十分だったとか、標準化されたパッケージそのものが当該市場にマッチしなかったのかもしれません。一言で言うならばケースバイケースということになってしまいます。

本部にとっては数ある加盟店、フランチャイジーの一つですが、加盟された方にとって、それは人生をかけた挑戦だったはずです。ケースバイケースで済まされてはたまらない……そうした気持ちになるのは無理からぬことです。

私がカバーオールで取り組んできたこと。それは「本部にとってではなく、加盟店にとって、事業が失敗に終わるリスクをいかに最小化するか」ということでした。言い換えるならば、ここまで本部が支援し、お膳立てを行い、事業環境を整えて……それでも事業が黒字化できないようならば、それは加盟店自身に原因があるのではないでしょうか――そのように断言できるかどうか。胸を張ってそう言えないのなら、まだまだやれることはあると思うのです。

そんなことをやり始めたら際限がない。なんらかのＦＣ本部に勤務されている読者の方ならばそう思われるかもしれません。でもそこで諦めてしまったら終わりです。

売上保証

事業がうまくいかない最も大きな原因、それは見込んだだけの受注ができないからです。コンビニエンスストア（ＣＶＳ）のような店舗でお客様を待つ業態の場合、売上の多くは立地で決まります。でも同じような規模の店舗同士であれば、１対５とか１対10といった極端なことにはなりません。

しかしカバーオールのような清掃サービスの場合、契約がとれる事業者ととれない事業者の間に5倍、10倍の開きが生じる可能性は十分にあります。だからカバーオールは「売上保証」と称し、加盟店が必要とする（希望する）売上に達するだけの清掃契約を、本部の責任において受注し、加盟店に依頼する形にしました。これで、加盟店が事業に失敗する原因の8割以上は解消できます。

最近多い、いわゆるサブスク型のサービスと同様に、日常清掃業務は基本的には継続的に行うものです。契約通りの品質で、お客様が喜んでくれる清掃サービスを提供し続ければ、毎月同じだけの売上を計上することができます。仮に加盟店が1件のお客様を失い、月間80万円の売上が70万円に下がれば、当社がまた新たなお客様を探して清掃契約を結び、80万円の売上への回復を図ります。

ＦＣによっては、加盟店の営業力、受注力に期待して契約を結んでいる本部もあります。各地域で人脈やネットワークを持っている人に加盟してもらい、売上拡大を図るためにフランチャイズ方式を採っているわけです。

私は自社以外にこのようなこと、つまり加盟店に売上保証をしているＦＣ本部を知りません。その約束を守るために、社員の皆に掛かる負担は決して小さくありませんし、よほどの覚悟と成算がない限り他の会社にオススメはできません。

カバーオールは加盟店に対して売上保証をしますが、新規のお客様を獲得するためのコストは加盟金として負担いただくことになります。

徹底的にビジネスモデルを磨く

売上保証だけではありません。

「清掃業務を行った後に、その会社が倒産してしまい、代金を支払ってもらえません」。このような訴えを受けたこともあります。その後、検討を重ね、加盟店の提供サービスや本部への業務報告面で問題がない場合は、回収リスクは我々本部が負うことにしました。

こんな相談もありました。「どうしても加盟したいのですが、必要な額の開業資金（加盟金）が用意できません。金融機関からも融資を断られました」。現在では行っていないのですが、開業資金について当社自身が一日用立てて、事業実績（信用）がついたら、金融機関に借り換えるような仕組み、制度を導入したこともあります。

こうした加盟店（加盟希望者）の声を、どのような考えや理念に基づいて、経営やFCシステムに反映していったかについては、第2章以降にて、もう少し詳しく説明します。

このように、加盟店が本気であるにもかかわらず、取り組めない原因、失敗する原因を徹底的に無くし、受注後の役務提供にコツコツと誠実に取り組めば、確実に目標とする収益が得られるように、ビジネスモデルや本部の支援体制を進化させていきました。

普通、独立開業と転職を天秤にかければ、たとえFC加盟の形とは言え、独立開業の方が遙かに高リスクであり、安定を求める観点からは選択肢たり得ない……そう判断する方が多いでしょう。でも近年、それとは異なる判断をしてカバーオールに加盟されるケースが増えているのです。

そしてその人達が精神的・経済的な充実とともにイキイキと働いている様子を知った知人までも、新たな加盟店としてこの事業に参画される。そのような事例が多く生まれています（そのあたりは、第4章の「こうしてオーナーになった私たち――カバーオール加盟者の声」にて複数の事例を紹介します）。

確かにリスクや心配というのは、単純に評価したり数値化したりできるものばかりではありません。

・これまでの生活を維持できる転職先が見つからない（待遇が下がる転職先しか得られない）。
・新たな職場でなじめるだろうか。周囲の人たちと良好な人間関係が築けるだろうか。
・せっかく入社しても業績不振などで、待遇の低下やリストラにあわないだろうか。
・異なる業種ゆえ、新しい仕事を身につけようと努力するのは当然だが、そこまでしても結局65歳までにリタイアを余儀なくされる可能性が高い。年金で生活費を賄えなかった場合、また新たな職探しに苦労することになるのではないか　等々

このようにさまざまなものが考えられます。独立開業ではなく転職に迫られて、最終的にカバーオール事業にたどり着き、加盟を決めた人たちは、「他のＦＣに比べると失敗のリスクが少ない。また自身の気持ちの持ち方一つで、リスクを上回るリターンが期待できる」と判断してくれたのだと思います。

私たちの目標は、我々に関わる全ての人、さらには日本全体をイキイキさせることで

す。転職することなく仕事との向き合い方を変える、自らが希望する内容や環境の仕事に移ることで、あなたがイキイキと輝けるのならば、それはまさに当社がめざすことでもあります。

ただ、職を変える意思を固めたものの、自身の年齢がネックになるとか、望むような働き方ができる転職先が見つからないという人は、当社の清掃ＦＣビジネスに参画する形でイキイキとした人生をめざす――そのような選択肢もあることを知っていただければと思います。

映画「PERFECT DAYS」

「思うような転職先が見つからないからといって、なぜ清掃を仕事にしなくてはならないのか」と思う読者もいるかもしれません。第1章の最後に、清掃という仕事の社会的役割について、少し思うところを述べさせてください。

コロナ禍によって、訪日外国人は一時的に減ったものの、日本に関心や好意を抱き、日本を旅したい、日本で暮らしてみたいと考える世界の人々は増え続けています。

神社仏閣や城などの歴史的建造物、豊かな自然、アニメ、J-POPなど、日本の魅力はさまざまです。こういったものに加え、外国人が日本を高く評価する理由としてよく挙げるのが、膨大な数の人が行き交う東京や大阪のような都会であっても、街がキレイに保たれていることです。

外国人のユーチューバーらが、「通りでは落ちているゴミ一つ見つけられない」「公衆トイレがこれほど美しく保たれている国を訪れたことがない」と語っている動画にしばしば遭遇し、少し誇らしく思うのは私だけではないと思います。

技術で世界を席巻して久しい日本ですが、そうした面での競争力は徐々に下がっているとの声もよく耳にします。超高層建築物も超高速列車も、日本のお家芸とは言えなくなりつつあります。でも、これらが公に供されてから何十年もの長きにわたって、当たり前のように美しい姿で活躍し続けている、そのことは間違いなく日本の強みです。

これは我が国の高い公衆道徳の賜であり、予算を投じたからといって、他国が一朝一夕にマネできるものではありません。当たり前のように「皆で使うところだからキレイに使おう」と考え、それを実践する使い手たちの協力があって初めて叶うものだからです。さらに丁寧な仕事ぶりで、その美しさや機能を保ってくれている清掃員の方々の存在も見逃せません。

２０２３年5月、カンヌ国際映画祭にて、映画「ＰＥＲＦＥＣＴ ＤＡＹＳ」に出演した役所広司さんが、日本人として19年ぶり２人目の主演男優賞に選ばれたという吉報が日本に届きました。

先ほどは日本の公共トイレはキレイだと外国人の評を紹介しましたが、残念なことに、現実としては決してそういう場所ばかりではないことを我々は知っています。

数年前に、渋谷エリアに非常に斬新なデザインの公衆トイレができたというニュースを覚えている人も多いでしょう。これは、日本財団と渋谷区が、従来の公衆トイレが持つ４Ｋ（汚い・くさい・暗い・怖い）のイメージを払拭すべく、東京五輪を機に、革新的なデザインと自由な発想力でもって、日本のおもてなし文化を象徴するものに変えていこうと取り組んだ「THE TOKYO TOILET」プロジェクトの一貫。安藤忠雄さんや隈研吾さんなど著名な建築家やクリエイターが、計17箇所のトイレをプロデュースしました。

作るだけでは意味がありません。こうして完成したトイレが、快適な空間として多くの人に使われ、長きにわたり清潔に保たれることが重要です。こうした流れの中で、同プロジェクトの主旨に賛同したドイツ人のヴィム・ヴェンダース氏が監督を、役所広司さんが主役を務める形で映画が制作されることになりました。

役所さんが演じるのは、自然や写真、読書を愛する寡黙で心優しいトイレ清掃員平山です。

早朝に起きて渋谷に向かい、いくつものトイレを丁寧に磨き上げる。夕方に仕事を終えた後、居酒屋で一人夕食を済ませ、銭湯で疲れを癒やし、古いアパートに帰る――ささやかながら確かな充実感とともに日々を過ごす男性の物語です。

実際の清掃スタッフから2日間にわたり、みっちりと清掃のやり方について指導を受けて撮影に臨まれたそうです。公共トイレについて問われた役所さんは、「日本では、あらゆるものに神様が宿っていると言う。台所にも、トイレにも。公衆トイレがきれいだというのは、日本の良いイメージにつながると思う」と答えています。

インフラというと電気や水道、通信などを思い浮かべますが、公衆トイレも欠くことのできない非常に重要な社会インフラだと思います。

当社自体は、企業やマンションなど、オーナーや所有者の方から民間施設の清掃を請け負う事業を展開しており、公衆トイレの清掃などをする機会は基本的にはありません。ただ、今回の映画を機に、こうした大切なインフラについて、世界に誇れる水準を維持するために、日々ひたむきに頑張って下さっている方々に少しでも注目が集まれば、それは本当にとても素晴らしいことです。

さらに、公衆トイレにかかわらず、多くの人々が使う施設の清掃がいかに大切で、日本という国の評価にも関わっていることに、業界の一端を担う者として率直に嬉しく、同時にさらなるサービス品質向上に取り組まねばと、身の引き締まる想いがします。

第2章　ＦＣビジネスの歴史と今の姿

日本国内におけるＦＣ業界のいま

本章では、ダイキチとダイオーズ ジャパンが展開するカバーオール事業と事業拡大に用いているフランチャイズ・システムについて説明したいと思います。第１章でも、転身を考える中高年にとって選択肢たりえているという文脈で、カバーオール事業の特長について一部述べました。ここではもう少しフランチャイズとはどういうものかを含めて、事業の全体像を明らかにしていきます。

日本には、フランチャイズ・ビジネスを展開する数多くの企業があります。コンビニエンスストア（ＣＶＳ）やファストフード店など、一般の人々にとってなじみ深く、生活する上で欠くことのできないブランドも少なくありません。その市場規模やチェーン店舗数はいかほどなのでしょうか。

一般社団法人日本フランチャイズチェーン協会（ＪＦＡ）では、日本国内のフランチャイズ・ビジネスの市場動向について実態を把握するために、年に1回調査を実施しています。

その結果をとりまとめた2021年度の報告書（2022年10月発表）によれば、日本国内のチェーン数は1286におよび、それぞれの店舗の数を合計すると25万288店になります。これは、加盟店だけでなく本部が直接運営する直営店舗も含めた数です。

そしてこれらの店舗売上の合計は、前年対比1・8％増の約25・9兆円です。この内、最も売上割合が多いのは小売業で、19・3兆円と74・4％を占めています。CVSに限って算出してみると、その売上は11・1兆円で、全体の42・9％と極めて大きな存在感を持っていることが分かります。

この25・9兆円というFC市場の規模が大きいのか小さいのか、比較するものがないとピンと来ないかもしれません。

2022年度の建設業の市場規模は、約67兆円（国土交通省発表「令和4年度 建設投資見通し」より）、アパレル市場（国内総小売）は約7・6兆円（矢野経済研究所「アパレル産業白書2022」より）なので、FC業界は建設市場の4割弱、アパレル市場の約3・4倍に相当します。

規模的にもっとも近いのが外食業界でしょう。一般社団法人日本フードサービス協会が発表した外食産業市場規模推計によれば、外食産業全体の2019年の市場規模は約26・3兆円でした（飲料主体の店舗や、ホテルや旅館など宿泊施設における食事や宴会、学校・病院・保育所等での給食や社員食堂における売上・消費を含み、持ち帰り弁当店や惣菜店など「料理品小売業」は含まない）。

実際の外食店舗には、オーナーシェフがこだわりの料理を提供する店もあれば、全て直営で何十、何百という店を運営するレストランチェーンもありますが、それら全てを合算するとFCの市場規模にほぼ一致するわけです。

翌年以降は新型コロナウイルスの感染により、外食産業の市場は16兆円台まで落ち込みましたが、それ以前は5年連続して25～26兆円で推移していましたので、潜在的な市場規模として、ほぼ同じくらいと言ってよいでしょう。

オンリーワンのFCモデル

米カバーオール社のノウハウを用いた清掃事業を、日本ではダイキチ、ダイオーズジャパンが展開しています。ダイキチは西日本地域におけるエリアフランチャイザーとして、地区本部（大阪・南大阪〔和泉市〕・高槻・京都・神戸・姫路・名古屋・豊橋）と営業所（広島・津）の運営、さらに地元の提携先企業が運営する福岡地区本部のサポートを行っています。ダイオーズジャパンは関東圏（東京〔荒川区、千代田区〕・横浜）および北海道（札幌）で本部を運営し、東日本地域でカバーオール事業を進めています。

２０２３年第２四半期のデータでは、世界の90を超える地区本部（サポートセンター）中、大阪、名古屋の２本部が最高位の売上を達成したカテゴリーに入るなど、日本のカバーオールは世界を牽引する存在として認知され、米本部からも高い評価を受けています。

26兆円近いフランチャイズ市場において、規模的にはその他大勢の中の１社に過ぎない我々ですが、加盟店（フランチャイジー）の数としては既に1600店を超える水準に達しています（2023年9月時点）。手前味噌ではありますが、FCビジネス市場において一定の存在感を発揮しつつあると認識しています。

加盟店の数もさることながら、カバーオールが最も自負できるのはフランチャイズ・システムの中身です。他とは大きく異なる、独自のユニークなFCモデルを構築してきた結果、お客様や加盟店など、このビジネスに関わる人々にとって、極めて高い満足度を実現しています。

どういった点が支持されているのか、その要点を3点挙げてみます。

特長①
加盟店が営業活動を一切しなくてよい「製販分離」のFCモデルであること。

第1章でも述べた点です。本部のサポートにより、注文された品物を作ったりサービスを提供したりする技術やノウハウはある程度身についた。「でも本当にお客さんが来てくれるだろうか」「仕事はちゃんと確保できるだろうか」……多くのFCで一番の心配事はこれではないでしょうか。

カバーオールFCでは「販」、つまり清掃業務を受託するための営業活動は本部が行います。むろん独自の受注活動を否定はしていませんが、加盟店が安心して事業に取り組めるよう、仕事を確保する責任は本部が負う――そのことを明確化しています（売上保証）。

このスキームにより、加盟店は「製」、つまり受注後の役務提供（清掃サービス）に集中していただくことができます。この「製販分離」型のビジネスモデルが加盟を検討される方に安心感をもたらし、チェーン全体の成長に大きく寄与しています。

特長②
本部と加盟店が理念を共有し、利他の心をもって、Ｗｉｎ－Ｗｉｎの関係を築いたＦＣモデルであること。

どのチェーンでも、加盟検討者向けのパンフレットや資料の中で、このような言葉を用いて本部と加盟店の共存共栄をめざすことを謳っています。そして起こりうるさまざまな事態について事細かく記した契約書を交わします。しかし、そのようなＦＣであっても、両者間で深刻なトラブルに発展するという話は枚挙に暇がありません。

むろん契約内容も大切ですが、カバーオール事業では、加盟店と我々が、同じ目標に向かって真の運命共同体として歩めるよう、ＦＣとしての理念を設け、その共有と実践を大切にしています。担当ＳＶ（スーパーバイザー）とのやりとりだけでなく、勉強会や本部方針の発表会、加盟店の中期経営計画の発表会といった場を通じ、本部・加盟店間で緊密に意思疎通が図られる仕組みを構築しています。

特長③
「利益」を追求するだけでなく、加盟店オーナーさんの「生きがい」の提供にも注力していること。

カバーオールFCに加盟される方のほとんどは個人です。加盟して開業するその瞬間から、カバーオール事業は加盟店オーナーにとってビジネスであると同時に、「生きること」そのものでもあります。企業が新規事業として取り組むFC加盟とは位置づけが異なります。

ビジネスである以上、利益を追求するのはもちろんですが、それだけでは不十分です。加盟店の方々に、「カバーオール事業に取り組んで良かった」「やっていて楽しい」というやりがい、そして生きがいを感じてもらいたいのです。

生きがいとは人によって違うものです。加盟店オーナーさんの価値観をできるだけ尊重し、「生きがいを感じられる人生」を送ってもらうことを目標にしています。

「製造」と「販売」の役割分担で始まったFCビジネス

FCビジネスの歴史についても簡単に触れておきます。

発祥は19世紀半ばのアメリカでした。南北戦争の真っ只中、1863年に、シンガー社が同社製ミシンを販売した者に対して報酬を支払うという仕組みを作り、全米にその販売網を広げていったのがFCビジネスの原型だと言われています。またマコーミック社（現ナビスター・インターナショナル社）も1831年に開発した農機具について、同じような仕組みで1850年から販売を開始しています。

シンガー社やマコーミック社をはじめとする当時の製造業者は、資金や人材などの経営資源が不足しており、直営店を展開することが困難だったようです。そこで、契約を交わして他人に「販売」を任せ、彼らを全米に配置する形で販売網を形成していきました。この契約により、製造業者は「独占的販売地域分与」などの特権（フランチャイズ）を「販売」を代理する者に与え、自らの経営資源は「製造」に集中させました。つまり、FCビジネスは「製販分離」の仕組みとして始まったのです。

その後、19世紀後半になると、この「製販分離」の仕組みがFCシステムとして整備され、発展していきます。

当時、この仕組みで大成功した代表的な2社を紹介しましょう。

そのうちの1社が、１８９2年設立のコカ・コーラ社です。コカ・コーラはもともと駅馬車の酔い覚め薬として開発されましたが、店頭でもグラス売りされるようになって評判を呼び、一般的な清涼飲料水として日常的に飲まれるようになりました。そして、１８９９年、テネシー州チャタヌーガにて二人の実業家が、コカ・コーラのボトリング販売の権利を手に入れます。

このときの契約は、コカ・コーラ社（＝フランチャイザー）が自社製の原液と統一されたボトルのラベルを供給し、二人の実業者（＝フランチャイジー）が契約した地域で独占販売するというものです。こうして、コカ・コーラのＦＣシステムが完成し、その後、20年も経たないうちに、１０００社を超える販売代理店が全米各地に設立されました。

これに刺激されたかのように、ペプシコ社、ドクターペッパー・スナップル・グループ、ローヤルクラウンコーラ社などがＦＣシステムを導入して成功を収めています。

そして、もう1社がＧＭ（ゼネラルモーターズ）社です。

コカ・コーラのＦＣシステムが完成し、急速に普及していった19世紀の終わり頃から、アメリカでは自動車産業が発展し始めます。当初、自動車はメーカーから消費者に直販されていました。しかし、自動車メーカーの1社であったGM社が、販売権をディーラーに与え、「製販分離」のFCシステムを導入しました。

そのねらいは、次のように3つありました。

①メーカーであるGM社は、販売の手間やコストを省くことで、製造に専念できる。また、巨額の投資を生産分野に集中させることができる。
②成功報酬に基づいているために、ディーラーのモチベーションが上がり、販売増が期待できる。
③FCシステムを徹底することで、全米各地でGM社のブランド・ロイヤリティを確立できる。

ここでも「製造」と「販売」の役割を明確に分け、お互いが自社の役割に特化・専念することで、手を携えて事業を拡大し、相互に利益を上げる——というスキームにより発展が図られたわけです。そして、自動車業界におけるＦＣビジネスの成功は、自動車の普及に伴い需要が拡大したガソリン小売（ガソリンスタンド）業界にも波及していきました。

コカ・コーラもＧＭ社もブランド商品です。このようにブランド商品の「製造」と「販売」を、メーカーであるフランチャイザーと販売代理店であるフランチャイジーが役割分担するＦＣシステムを「伝統的ＦＣシステム」と呼びます。あるいは、「商標ライセンス型ＦＣシステム」と呼ぶ場合もあります。

このＦＣシステムの大きな目的は、お互いが自社の業務に専念し、協力し、補い合い、ともに発展していくことです。ＦＣシステムの原点はここにあります。

「ビジネス・フォーマット型ＦＣ」の誕生と急成長

第二次世界大戦が終わると、アメリカで新たなモデルのＦＣが登場します。

当時、アメリカ経済は急成長期を迎えていました。また第二次世界大戦やその後の朝鮮戦争に派兵された帰還兵の中には、帰国後になかなか就職先を見つけられず、何らかの商売を始めようと考えた人が少なからずいました。しかし彼らの多くは、開業しようにも、商売のやり方やノウハウを持ち合わせていませんでした。

そこでフランチャイザー（本部）は、ブランド商品を提供するだけでなく、商売や仕事のやり方を徹底的にフォーマット化（標準化）した上で、それをマニュアルとしてまとめ、フランチャイジー（加盟店）に提供したのです。たとえその分野の素人であっても、短期間のトレーニングを経て、マニュアルどおりに仕事をすれば、商売が始められるというわけです。

この戦後の新たなＦＣモデルは、それまでの「伝統的ＦＣシステム」に対して、「ビジネス・フォーマット型ＦＣ」と呼ばれ、アメリカ経済の急成長とともに、全米に広く普及していきます。

ここでも成功した代表的な2社を紹介しましょう。

1社がKFC（ケンタッキー・フライド・チキン）社です。創業者のカーネル・サンダースは、みなさんご存知ですね。

創業者カーネルは最初、ハイウェイの出入り口付近でガソリンスタンドを経営しており、客の要望で軽食を出していました。ところが、ハイウェイの出入り口が他に移ってしまい、客足が遠のいて経営が悪化したため、店舗を売却。評判のよかったフライド・チキンのセットを車に乗せて、各地のレストランに売り込みに回りました。

その際に採ったのが、レストラン（フランチャイジー）に、圧力鍋やスパイスなど、フライド・チキンを作るセットを買ってもらい、3日ほどのトレーニングを行った上で、チキンの販売数量に応じてロイヤリティを受け取るという方式でした。「ロイヤリティを受け取る」というところが大きな特徴です。

1年を経過する頃から徐々に評判となり、フランチャイジーが増加し始めます。その後、レストランへの売り込みから、独立した専業の店舗を作り、そこでの持ち帰り販売へと切り替えていきました。それがまた好評で、現在のファストフードのFCへと発展していきました。

もう1社はKFC社と肩を並べるファストフードの雄、ハンバーガーのマクドナルドです。

もともとマクドナルドは、マクドナルド兄弟が開いたレストランが始まりでした。その将来性に着目したのが、マルチミキサーのセールスをしていたレイ・クロックという人物です。

彼はマクドナルド兄弟にFC化を勧めますが、兄弟にはまったくその気がなかったため、1954年にレイ・クロック自らがFCを始めました。そして、1961年、当時としては破格の270万ドルという金額で、兄弟からマクドナルドの全ての権利を買い取りました。

レイ・クロックがマクドナルドに将来性を感じたのは、マクドナルドのやり方ならば、当時は標準化が難しいと考えられていたフードサービスの分野で、コントロール可能なシステムが構築できると見込んだからでした。

さらに彼は、長期的にフランチャイジーを育成することを考え出します。

当時のFCで行われていた経営ノウハウの伝授はごく簡単なものでした。店舗が開業できるようになると、後のサポートはほとんどせず、次のフランチャイジー獲得に走っていました。しかし、レイ・クロックはフランチャイジーに対するトレーニングや経営支援を継続的に行う重要性を認識していました。そこには、個々の店舗の繁栄が、FC全体の成功をもたらすという信念がありました。

彼の信念は正しかったのでしょう。世界各国にマクドナルドのFCが展開している現状を見れば、誰の目にも明らかです。

「伝統的FCシステム」では、フランチャイザーの主な収入源は、ブランド商品の売上でした。それに対して、「ビジネス・フォーマット型FC」では、商品の売上ではなく、フランチャイジー向けに作られた経営ノウハウやマニュアルが盛り込まれたビジネス・フォーマットの「使用料」が、フランチャイザーの主な収入源でした。「使用料」は「ロイヤリティ」という形で、フランチャイジーからフランチャイザーに支払われました。

このシステムの普及によって、商売のやり方やノウハウを持たないフランチャイジーの、フランチャイザーへの依存度が高まっていったともいえるでしょう。つまりやり方やノウハウを知らなくても、気軽に商売が始められるようになり、ＦＣビジネスの普及に拍車がかかっていったのです。

１９６０年代には日本にも

昭和の高度経済成長時代の日本に、アメリカから持ち込まれたＦＣビジネスは、「ビジネス・フォーマット型ＦＣ」です。日本フランチャイズチェーン協会が編集した『フランチャイズハンドブック』にも、「わが国においては伝統的フランチャイズ・システムを、フランチャイズの範疇に入れていない」との記述があります。

日本で初めてＦＣシステムを導入して開業したのは、ダスキンの「愛の店」と不二家の洋菓子店といわれています。ともに１９６３年のことで、「愛の店」が7月、不二家が10月です。

続いて2年後の１９６５年には、クリーニングの白洋舎がフランチャイズを開始。そ

「伝統的FC」と「ビジネス・フォーマット型FC」の違い

伝統的FCの仕組み

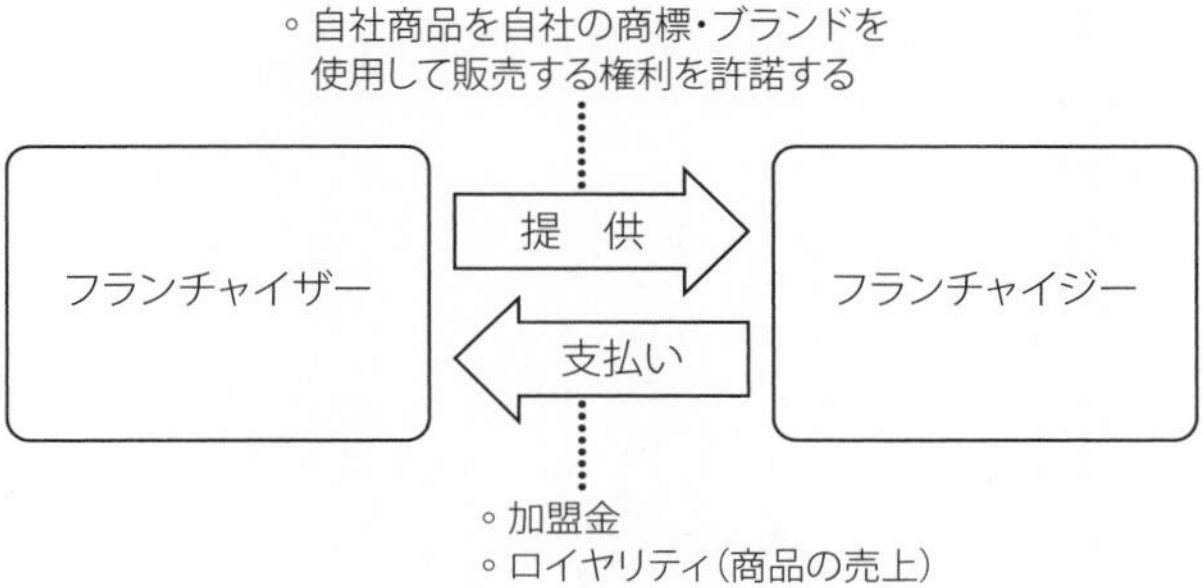

ビジネス・フォーマット型FCの仕組み

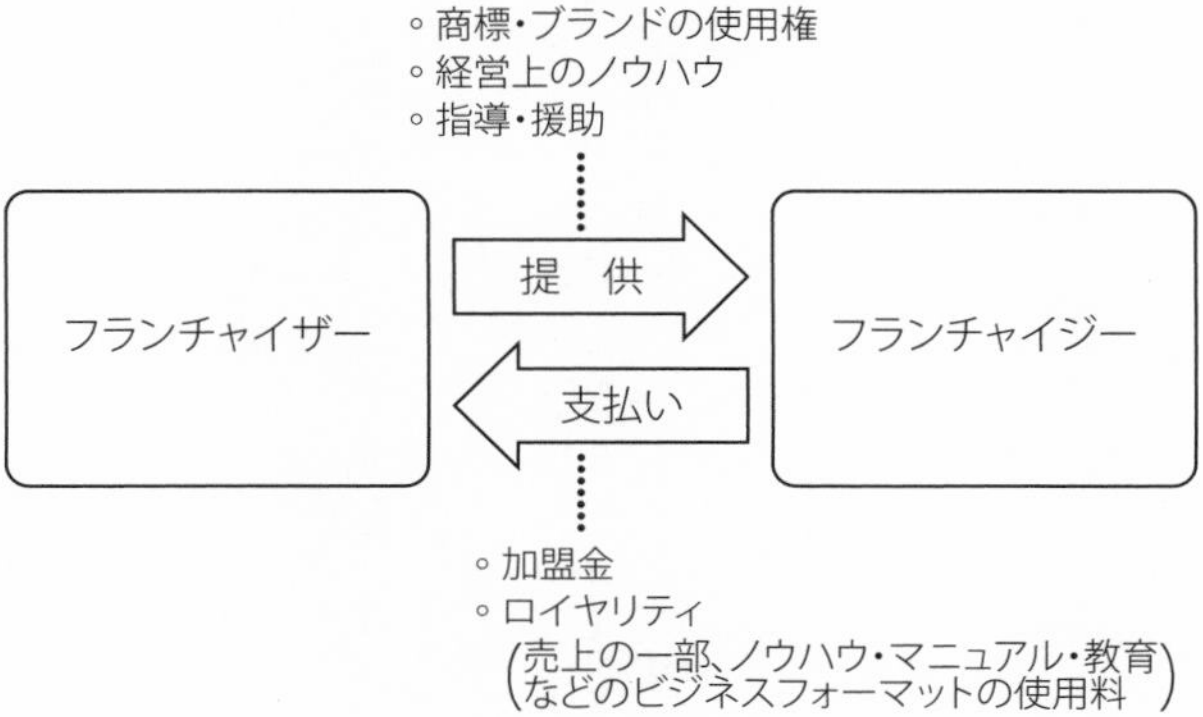

の翌年1966年には、養老乃瀧、山田うどん（山田食品産業）、アートコーヒー、タカラブネ（スイートガーデン）、1967年には、8番らーめん（ハチバン）、どさん子がフランチャイズ展開を始めています。

このように日本のFCビジネスは1960年代の後半に花開きました。その後は、景気の波による影響を受けながらも、ほぼ一直線の右肩上がりで発展を続けます。

1972年には、社団法人日本フランチャイズチェーン協会（JFA）が設立されました。1975年度のJFAの調査によれば、店舗数が2万8千余店、市場規模が1兆3800億円。それが本章の冒頭で述べたとおり、2021年度には、店舗数が約25万店舗、市場規模が約26兆円にまで拡大したわけです。

1997年5月には、ダイキチがアメリカのカバーオール社のライセンスを取得し、ビルや施設などの清掃業務のFCビジネスを始めました。ダイオーズジャパン（当時、ダイオーズサービシーズ）による首都圏でのカバーオール事業の開始は2003年です。ダイキチのカバーオール事業は、2002年6月に子会社として設立されたダイキチカバーオール株式会社に引き継がれました。加盟店の方々と手を携えて、ビジネスモデルを磨き、規模拡大を図った上で、２０２１年６月にダイキチ、ダイキチカバーオールは合併（存続会社は株式会社ダイキチ）。ダイキチとダイオーズジャパンが日本のカバーオールの本部企業を担う現在の形にいたります。

今でも日本では「ビジネス・フォーマット型ＦＣ」が一般的なＦＣだと認識されているため、我々の「製販分離」モデルは異色なモデルとして認知されることが少なくありません。そもそもカバーオール事業は清掃業、つまりサービス業であり、「製」の字を用いる表現に違和感を覚える方もいるかもしれませんが……。ここで重要なのは、フランチャイザー（本部）とフランチャイジー（加盟店）が、各々の経営資源を活かしつつ役割、機能を明確に分離した形で、相互協力のもとに事業を発展させようという考え方、スキームです。

読者の多くはお気づきでしょうが、当社のモデルは伝統的ＦＣシステムとも明確な違いがあります。伝統的ＦＣシステムが勃興した時代は、需要が供給を上回り、魅力ある製品を作りさえすれば売れるという時代であり、フランチャイザーは「製」を、フランチャイジーは「販」の役割を担いました。

「需給ギャップ」という言葉が頻繁に用いられることからも分かるように、現代の経済状況はそれとは逆です。特に開業間もない頃の事業者の場合、「販」に頭を悩ませるケースが大半です。そのためカバーオール事業では、販売（契約先の確保）、そして清掃に係る技術・ノウハウの開発やそのトレーニングについては本部が責任を持ち、「製」、つまり受注後の役務提供（清掃実務）については加盟店の力をお借りする——このように機能を分担して事業を推進しているわけです。

ここまでアメリカから始まったＦＣビジネスの歴史を遡ってきました。カバーオール事業の「製販分離」モデルが、ＦＣの原点である「伝統的ＦＣシステム」の流れを汲み、それを発展させたものであることが、お分かりいただけたかと思います。

ＦＣビジネスの利点と問題点

このように、アメリカで誕生し発展したＦＣビジネスは、日本に輸入されて以降も順調に成長を続けてきました。成長してきた背景には、大きなメリットがあるはずです。同時に、国内市場に広く普及し、有名無名問わず種々さまざまな企業が参入した結果、一部にひずみが生じていることも否めません。そこで、この項ではFCビジネスの利点と問題点について見ていきたいと思います。

そもそもFCビジネスとは何でしょうか。

日本フランチャイズチェーン協会や国際フランチャイズ協会は、それぞれ定義を公表しています。しかし、いずれも教科書的で堅苦しいので、私はより平易で実践的に、次のように定義しています。

「FCビジネスとは、起業をめざす方々に対し、本部がブランドの使用権を貸し、事業運営のノウハウ、独自の商品とサービス、さらには販促ツールを提供して、ビジネスを成功に導くものです。その対価として、本部はブランド使用料や加盟金を受け取ります」

この定義にあるように、加盟店が事業を立ち上げ、進める上で必要となる基本的なノウハウやツールは本部が提供します。したがって、単独で事業を起こすよりも短い期間、少ない労力で事業を開始することができます。本部による教育訓練も受けられるため、当該事業の経験が（少）ない人でも起業できます。事業を開始した後も、本部が色々な側面からサポートしてくれるため、事業を安定的に運営できます。これらが、加盟店側にとっての利点です。

同時に、本部はノウハウやツールの提供を以て、事業を多くの加盟店に委ねることで、比較的少ない経営資源で短期間のうちに事業規模を拡大できるようになります。19世紀半ばにアメリカでFCビジネスが誕生したのも、これが大きな理由でした。

しかし、ここに第一の問題が潜んでいます。

本部側が多くのノウハウや情報を保有するのに対し、加盟店側が保有する情報はごくわずか……つまり偏りが生じます。相対する二者間で、保有したりアクセスできたりする情報に大きな格差があることを「情報の非対称性」といいます。

「情報の非対称性」のあるところでは、情報を保有している側（この場合、本部）が圧倒的に優位に立つことになります。知らず知らずのうちに、保有していない側（加盟店）が不利な条件を飲まざるを得なかったり、加盟店が本部に過度に依存したりする「いびつな関係」になってしまいがちです。

希望を抱いて事業を始めたのにいっこうに利益が上がらず、加盟者が「話が違う」と言って本部を訴える話は、残念ながらよく耳にします。悪意の有無はケースによって違うでしょうが、「情報の非対称性」はこうした不幸な事案を生む主因の一つと言えるでしょう。

第二の問題は、加盟店としては覚悟をもって大きな初期コストを投じたものの、仕事が確保できない、つまり売上が上がらないという問題です。第1章でも取り上げましたが、FCに関わる全ての方に理解してほしい重要な論点なので、切り口を変えて改めて説明します。

FCビジネスにはさまざまな分類法がありますが、その一つに「店舗系FC」と「無店舗系FC」という分類があります。字のとおり、店舗を構えるFCと店舗を持たないFCです。「店舗系」の代表は、CVSや飲食店、ホテルやモーテルなど。「無店舗系」には、当社が展開する清掃事業のほか、住まいのリフォーム、家電の据付・修理サービスなどがあります。

日本のＦＣはこれまで「店舗系」で発展してきましたが、近年は「無店舗系」も増えています。また「店舗系」ＦＣにおいては、法人の加盟が増える傾向が見られます。店舗を構える業態では、加盟金を含む初期投資が多額になることから、個人では参入しにくくなってきているのが主な理由でしょう。

その分、初期投資が少なく、比較的簡単に始められる「無店舗系」に個人が流れてきています。しかし、この「比較的簡単に始められる」というのが落とし穴なのです。

想像してみてください。「店舗系」は立地条件が著しく劣ってさえいなければ、ある程度の来店が見込めます。良い表現ではありませんが、悪い評判さえ立たなければ、待ちの姿勢でも一定数のお客様を見込むことができます。

それに対して、「無店舗系」の業態の場合、お客様を積極的に取りにいかなければ売上は立ちません。よほど注文の反復性が高く、既存顧客からのリピート受注だけで必要な売上が構成できるような事業でない限り、新規顧客を発掘する営業活動に大きな力を傾注する必要があります。

営業経験の（少）ない方にとって、これは決して容易いことではありません。事業を始めたものの仕事が取れず、「こんなはずではなかった」と、起業したことを後悔するケースが後を絶ちません。

仮にある程度の売上を得られたとして……それが過重な長時間労働でしか実現できなかったとしたら、手放しでは喜べないでしょう。これが第三の大きな問題です。

「店舗系」の場合、多額の初期投資を回収するために、大きな利益をコンスタントに上げなければならず、コストをいかに抑制・削減するかが大きな課題となります。最初に思い浮かぶのは、店で働くスタッフの人件費です。一部のCVSなどでは、深夜にアルバイトを雇う余裕がないために、加盟店オーナーさんが長時間労働を強いられることが常態化し、社会問題になっているのはご承知の通りです。

同様に「無店舗系」においても、資金不足を補おうとオーナー自身が自らの睡眠時間を削って、既存顧客向けのサービス提供等と新規開拓活動を並行して進めるなど、「それなりの売上」と長時間労働を引き換えにしているケースが少なくありません。

全体として見れば、ＦＣへの加盟が、加盟店が事前に抱いた期待に応えられていないケース（確率）が決して少なくないと思います。それだけ、前述した３つの問題が深刻なのだと、私は考えています。

カバーオールＦＣの優位性

逆に考えると、この３つの問題を解決できれば、ＦＣビジネスの本来のメリットが活きるということです。現在の私たちのフランチャイズ・システムは、３つの問題に真正面から取り組み、解決できるモデルだと考えます。

現段階で、事業規模では大手ＦＣの足元にも及びませんが、ＦＣにつきもののこうした難点をクリアするモデルとして、オンリーワンの存在だと自負しています。今一度、カバーオール事業の３つの特長を以下に示します。

特長①
加盟店が営業活動を一切しなくてよい「製販分離」のFCモデルであること。

営業、つまり清掃業務を発注いただけそうなお客様の発掘やその後の提案、契約までは本部が行い、受注した仕事について加盟店にご紹介し、清掃実務を担っていただくというのが、カバーオールにおける基本的な役割分担です。加盟店が営業する必要は一切なく、清掃業務に専念してもらうことができます。

特長②
本部と加盟店が理念を共有し、利他の心をもって、Ｗｉｎ－Ｗｉｎの関係を築いたFCモデルであること。

カバーオールのFCモデルにおいても、本部と加盟店との間に情報格差があるのは事実です。重要なのは、本部の責任において、それが加盟店の不利益につながらないようにするという意思と行動だと私は考えます。本部が「利他の心」をもって、意図的に加盟店と対等であろうと努力しなければ、「Ｗｉｎ－Ｗｉｎの関係」は築けません。

本部がいかにして加盟店との間にＷｉｎ－Ｗｉｎの関係を築いているか。一言で言えば「理念と共有と実践」ということになりますが、具体的には第３章「カバーオール事業の理念とそのはじまり」などで述べます。また、実際に本部・加盟店間でＷｉｎ－Ｗｉｎの関係性が築かれているか、第４章「こうしてオーナーになった私たち」で紹介している７人のパイオニア（カバーオールでは加盟店オーナーのことを「パイオニア」と呼びます）の生の声も参照ください。

特長③
加盟店の「利益」を追求するだけでなく、「生きがい」を提供するＦＣモデルであること。

実は、これを実現するのが一番困難でした。人それぞれ、百人いれば百通りの「生きがい」があり、一つの基準で括るのは困難です。

もともと私は多くのビジネスパーソンと同様に、利益を追求すること、俗にいえば「稼ぐこと」が「生きがい」でした。全員そうであれば分かりやすいのですが、中には余暇を大切にする人もいます。

実際、カバーオールの加盟店オーナーさんには、事業意欲の高い方から、ゆとりのある生活ができるだけの収入があればいいと考える方もいます。どちらの「生きがい」も尊重するには、ＦＣの運営をガチガチのルールで縛るのではなく、ある程度の融通を利かせる必要が出てきます。たとえば当社は、加盟店が別のビジネスと兼業で稼ぐことを認めていますし、絶対にこれだけの件数を請け負わなければならないといったノルマを課してもいません。

このようにルールに幅を持たせながら、ＦＣとしてのまとまりを維持できているのは、本部が加盟店オーナーたちと積極的にコミュニケーションを取り、信頼関係を醸成してきたからです。本部・加盟店間で、カバーオールほど交流の場を作っているＦＣは他にはないと思います。

もっとも、こうした3つの特長は、最初から計画して作り上げたものではありません。私が多種多様なビジネスを経験し、先輩にアドバイスをいただき、多くの課題を乗り越えてきた結果、必然的に到達したモデルです。

細かい内容はともかく、ダイキチとダイオーズジャパンが進めるカバーオール事業およびフランチャイズ・システムがどのようなものか、どのような姿をめざしているか、おぼろげながら理解いただけたのではないでしょうか。

※本文中に記載の「コカ・コーラ」はコカ・コーラ社の商標です。

第3章　カバーオール事業の理念とそのはじまり

投げかけられた抽象的な問

第2章にて、カバーオール事業の特長として「本部と加盟店が理念を共有し、利他の心をもって、Win-Winの関係を築いたFCモデルであること」を挙げました。これについて、私自身の経験からもう少し深掘りしてみたいと思います。

前職で株式会社ダイキチの松井会長（当時社長）とのご縁があったことから、1992年3月、私はダイキチに入社しました。入社後すぐに造花のレンタル事業の立ち上げを任されると、営業のシステムをゼロから構築し、事業を軌道に乗せることに成功しました。その後の1999年、当時ダイキチで「売上保証」を掲げているにもかかわらず、営業が機能せずに加盟店に紹介する仕事の受注が追いついていなかったカバーオール事業（1997年開始）の立て直し役に抜擢されることになります。

造花のレンタル事業の成功体験もあり、第5章でも触れますが、私は営業のシステムの構築に取り組みました。なんとか業績を上向きにすることができ、事業はダイキチカバーオールとして分社化もして、社長に就任しました。ところが、数字の結果が得られる一方で、社員の退職や加盟店とのギクシャクとした関係が続き、手放しに喜べない状況であったことも事実です。今振り返れば、当時の私は売上と利益を第一の目標にしていましたし、そこに原因があったように思います。

松井会長はそんな私の動揺を見抜いたのでしょう。ある日、社外に勉強に行ってきてはどうかと、京セラの稲盛和夫名誉会長が主宰する盛和塾への入塾を勧めてくれたのです。事業規模も組織も大きくなり、社長である私の我流で通すのではなく、会社経営についてきちんと学ばなければならない時期にきていたのだとも思います。

松井会長に勧められ、盛和塾に連絡を取って入塾を希望する旨を申し出たところ、一度見学に来られてはどうかと勧められ、近い日に開かれる経営委員会に体験入塾させていただくことになりました。

そこで、生涯で一番と言っていいほどの大きな衝撃を受けます。

経営委員会では、盛和塾〈大阪〉の代表世話人が、社員に対する理念教育だとか、会社の存在意義だとか、利他の心だとか、普段考えたこともない抽象的な話をとうとうと語られました。それまでの私は、経営における理念の重要性など、まったく考えたこともありませんでした。ましてや、「会社の存在意義」や「利他の心」などと言われても、何のことかさっぱり分かりませんでした。

ただ、分からないなりに、ここならば、自分に足りない大切なものに気づかせてくれるはずだ。今はまだ何かは分からないけれど、絶対にここで学びたい。そう感じた私は迷うことなく入塾を決意。２００９年12月、正式に盛和塾に入塾しました。

大きな衝撃を受けて入塾した私でしたが、次に直面したのは、悶々とした深い悩みでした。入塾から少し経った頃、経営委員会で経営体験発表をすることになり、先輩塾生の方々から予想もしない質問と厳しい批判を浴びせられたのです。

発表の後の質疑応答は、「小田さんは、何のために仕事をしているのですか？」という質問から始まりました。

「えっ？　？　？」

私にとっては、クエスチョンマークが3つもつくほどの意表をつく質問です。仕事をするのは稼ぐため、会社を経営するのは儲けるため。当時の私は、そうとしか考えていませんん。質問自体がナンセンスに思えました。その後も、たたみかけるように、禅問答にも思えるような根源的な質問が私に飛んできました。

「小田さんにとって、清掃事業とは何ですか？」

「社員や加盟店は本当に心から喜んで働いていますか？」

「経営理念は何ですか？」

当時、経営理念だけはつくっていたので、「夢を持とう、夢を形にしよう、夢に日付を入れよう」という理念を、胸を張って発表したところ、「それは小田さんの願望を言葉にしただけのものですね」と一蹴されました。あとは、その場を取り繕うために、色々と弁解じみた受け答えをしたように思います。結局、まったく噛み合わないままに、質疑応答は終わってしまいました。

宿泊先のホテルに戻り、先輩方から受けた数々の質問についてどう捉え、どう答えを出せばよいのだろうかと、私は一人悶々と悩みました。

新人へのしごきなどではなく、どれも本質的で極めて重要なテーマであるとの考えから、先輩塾生たちがあのような問を私に投げかけていたことは、肌で感じ取っていました。ただ一つ明確に自覚したのは、売上と利益のみを追いかけてきたこれまでの自分のやり方ではまともな経営とは言えず、企業や事業に責任を負う者としてほかにも追求すべきことがある、ということでした。

しかし何をどうすればいいのか、私にはまったく見当がつきませんでした。それでも、ここから逃げてはいけない。いくら時間がかかろうとも答えを見つけ出さなければならない。私に突きつけられた課題なのだ——。そう腹をくくりました。

このときから現在に至るまで、私は悩み続けています。未だ完全な答えにたどり着いたわけではありません。しかし、悩みながらも自社の経営理念や社会的な存在意義を模索する中で、「利他の心」の重要性に気づき、以後、それをベースにカバーオールのFCモデルの独自性を築いていったのです。

盛和塾の入塾前から営業の仕組みがうまく回り出し、増収増益の道を歩み出していました。しかし、それだけでは十分ではなかったのです。盛和塾に入塾して学ぶことで、仕組みに魂を入れる作業が始まったのでした。

なお盛和塾は、２０１９年12月をもって解散しました。現在は地域によって「○○経営塾」などの名称で、有志が集まって後継組織の活動が続けられていることを付記しておきます。

悩んで行き着いた定義は「イキイキさせ屋」

経営体験発表でこてんぱんにやられた私は悶々と悩みながらも、答えを見つけるしかないと腹をくくりました。一気に霧が晴れるような妙案はありません。時間がかかろうが、とにかく難問を一つずつクリアしていくだけです。

そのときに、拠り所となったものは、盛和塾の「経営の原点12カ条」です。私は悩みを脱するために、これを愚直に一つずつ実践していこうと心に誓いました。

「経営の原点12カ条」とは、稲盛和夫氏が京セラやＫＤＤＩ、ＪＡＬを経営する中で、会社経営を成功に導く実践項目を12カ条にまとめたものです。全て稲盛氏のオリジナルですが、カバーオールのFCモデルは、ある意味ここから再スタートしていますので、紹介しておきましょう。

経営の原点12カ条

1　事業の目的、意義を明確にする
公明正大で大義名分のある高い目的を立てる。

2　具体的な目標を立てる
立てた目標は常に社員と共有する。

3　強烈な願望を心に抱く
潜在意識に透徹するほどの強く持続した願望を持つこと。

4　誰にも負けない努力をする
地味な仕事を一歩一歩堅実に、弛まぬ努力を続ける。

5
売上を最大限に伸ばし、経費を最小限に抑える
入るを量って、出ずるを制する。利益を追うのではない。利益は後からついてくる。

6
値決めは経営
値決めはトップの仕事。お客様も喜び、自分も儲かるポイントは一点である。

7
経営は強い意志で決まる
経営には岩をもうがつ強い意志が必要。

8
燃える闘魂
経営にはいかなる格闘技にもまさる激しい闘争心が必要。

9
勇気をもって事に当たる
卑怯な振る舞いがあってはならない。

10
常に創造的な仕事をする
今日よりは明日、明日よりは明後日と、常に改良改善を絶え間なく続ける。創意工夫を重ねる。

11
思いやりの心で誠実に

商いには相手がある。相手を含めて、ハッピーであること。皆が喜ぶこと。

12　常に明るく前向きに、夢と希望を抱いて素直な心で

早速、私は経営理念の作成からとりかかりました。社員の中からマネージャー数名を主担当に選び、彼らを中心にして、私が日頃、朝礼や会議の場、あるいはブログの中で語っている考え方や言葉を抜粋・整理した上で、何度も練り直して、「経営理念（目的）」「ＰＡＳＳＩＯＮ（目標）」「カバーオールＤＮＡ（フィロソフィー）」を完成させました。

「経営理念」も「カバーオールＤＮＡ」も、そこから見直しを図り、現在はさらに進化したものになっていますので、当時のものをここには掲載しませんが……完成度は高くなかったものの、決してどこかからの借り物でも口先だけのものでもなく、我々が日頃大切にしてきた考え方や姿勢を、社員と一緒になって検討し作り上げたものでした。この取組みが、カバーオールのＦＣモデルに魂を入れる第一歩となったのは確かです。

加盟店は顧客ではなく同志である

「小田さんにとって、お掃除とはいったい何ですか?」

実は、自信を持って答えられる明確な定義は、本書を執筆している現在も見つかっていません。今も、模索を続けている最中です。この先も、この事業を続けている間は、その問と向き合っていくのだと思います。

「加盟店オーナーさんは顧客だろうか、それとも同志だろうか?」という自問については、事業を推進する上で、加盟店との向き合い方なり本部方針を直接左右するテーマです。自分の中で答えを出したい（出すべきだ）と考え、頭の中でさまざまなシミュレーションを繰り返したものの、納得のいく結論には達しませんでした。

２０１０年10月の二度目の経営体験発表の後、私はアメリカに研修に行くことになりました。ちょうどいい機会なので、本家であるカバーオール社の関係者に手当たり次第に、「オーナーさんは顧客なのか、同志なのか?」と聞いて回りました。すると顧客だという人もあれば、同志だという人もいて、本家もはっきりしないのです。それだけ悩ましい課題なのだということは分かりました。

帰国してからも悩み続けた結果、一旦は、やはり顧客だろうという結論にたどり着きました。お金をいただいている以上、そう考えるのが自然だと思ったのです。ただし、普通のお客様ではありません。例えて言うなら、会員制レストランのお客様のようなものです。

会員制レストランのお客様は、ファミリーレストランや大衆食堂と違い、レストラン側もお客様を選ぶことができます。お店のコンセプトにあった人だけを審査して会員にできるのです。もしも、お客様が店のコンセプトからは外れるようなことをすれば、「ネクタイを着用してください」「スリッパはおやめください」と、必要に応じて指導することができます。

カバーオールの加盟店オーナーさんの位置づけも、会員制レストランのお客様とよく似ていると考えました。加盟に際しては、FC本部の審査があります。加盟後も、いくら素晴らしい実績を上げても、カバーオールFCの名を汚すようなことは許されません。

このときは、我ながらうまい説明だと悦に入ったものですが、論理的につじつまを合わせただけで、私も当社の従業員もどこか違和感があり、腑に落ちないのです。

個々の加盟店、またそれらが集合した加盟店ネットワークは、いうまでもなく当社にとって核となる経営基盤であり、最重要な経営資源です。重要な存在であり、ロイヤリティという形でお金のやり取りがあることから、最初は「顧客」と位置づけようとしたわけです。しかしこの事業を真の成功に導く鍵は、本部と加盟店が、時には厳しいやりとりをし、また時には助け合いながら、「カバーオール」ブランドとして、外部のお客様に対して質の高い清掃サービスを提供しようという「イキイキとした一体感」――これを醸成できるかどうかにかかっています。

加盟店は、まぎれもなく同志です。家族と言ってもいいでしょう。

はっきりとこう決めてから、社員の顔から迷いが消えました。自信を持って業務に臨み、加盟店に接することができるようになったと思います。このときから今に至るまで、

「加盟店は同志である」という認識に一切のブレはありません。

加盟店と理念を共有するための行動指針

加盟店を同志だと位置づけるためには、利害関係を凌駕する大きな志や目標、ひいては理念を共有することが不可欠です。

問題は、どのような方法で進めるかです。

加盟店オーナーさんと彼らの下で働く社員は、ダイキチカバーオールの社員ではありません。しかも、何千人もの大集団です。限られた人数の自社の社員であれば、普段から顔を合わせ、頻繁にコミュニケーションをとっています。お互いの性格や生活環境も分かっています。時間をかけて教育することもできます。それでも理念を共有するのは簡単ではありません。

ましてや、日頃の接点が少ない何千人もの大集団と理念共有ができるのでしょうか。

非常に難しい課題のように思われましたが、問題意識をもって世の中を見渡すと答えは見つかるものです。既に成功している会社が我々の身近にありました。東京ディズニーランドを運営するオリエンタルランドです。

東京ディズニーランドではキャスト（役者）と呼ばれるアルバイトスタッフが常時、約2万人いると聞きます。何千人という単位どころではありません。行かれた方はご存知だと思いますが、ゲスト（訪れるお客様）を迎えるキャストのホスピタリティーや接客マナーは最高級です。しかも、誰一人とってもレベルは一定です。理念教育が徹底していなければ、できることではありません。

2万人ものキャストたちの理念教育をどのようにしているかを調べたところ、4つの行動規準を設定し、遵守を徹底しているとのことでした。

Safety（安全）、Courtesy（礼儀正しさ）、Show（ショー）、Efficiency（効率）が、オリエンタルランドのたった4つの行動規準です。優先すべき順にその頭文字を並べて「SCSE」と総称しているのです。キャストは「SCSE」の優先順位を守り、行動することによって、ゲストにハピネス（幸福感）を提供しているのです。

私は「これだ！」と思いました。

大人数に理念を浸透させるには、「何をすればいいか」を端的に伝えるのが最も効果的です。もちろん、シンプルなワードの背景にある意味合いをレクチャーする必要もあるでしょう。しかし、提示する形はシンプルでなければ、なかなか伝わりません。

早速、ダイキチのカバーオールでも、加盟店オーナーさんに提案するための行動指針を社員とともに考えました。そして、２０１１年12月に完成したのが、次の４つの行動指針です。

カバーオール行動指針

安全性
お客様・従業員・自身の安全性を最重要・最優先で確保する。
安全は全ての人を幸福にする。

礼儀正しく
礼儀を守れない程に忙しい仕事はない。
気持ち良く挨拶・丁寧な言葉・身だしなみは人を気持ちよくする。

コミュニケーション（報告・連絡・対話）
お客様から名前で呼ばれる人は信頼が厚い。
名前で呼んで頂くには、細かな事でも報告し、連絡し、対話を欠かさない。

責任
責任とは引き受けた仕事を全うする。
約束を守ることだ。

加盟店オーナーさんには、４つの行動指針を掲載した「カバーオール道」という手帳を配布しています。その手帳には行動指針について詳しい解説も載せていますが、まずはシンプルに4つの行動指針の遵守を徹底してもらっています。

生きがいを提供するために必要な「利他の心」

加盟店を同志だと位置づけ、理念の共有をめざして4つの行動指針を制定してから、両者の間で生じる多様な課題に、私も社員も自信を持って首尾一貫した対応ができるようになりました。

私自身が経験した象徴的な話をいたしましょう。

加盟店オーナーさんたちの加盟の目的は十人十色です。会社を大きく成長させたいと事業意欲に燃えている一方で、夫婦二人がゆとりをもって生活するだけの収入があればいいという考えの方もいます。中には、人生を大きく変えたいと決意して加盟する方もいます。

以前の私は、売上と利益の拡大に猛進していましたので、受注した仕事を加盟店オーナーの方々に目いっぱい請け負ってほしいと思っていました。実際、事業意欲の高いオーナーさんは人を積極的に採用し、請負件数をどんどん増やしていきました。それによって本部企業の売上・利益もますます増加します。ありがたいことです。

ところが、今の仕事量で十分。満足に生活できているので、仕事を増やしたくないというオーナーさんも少なくないのです。これ以上、儲けるつもりはないという考えは、当時の私には理解できませんでした。口ではそんなこと言っているけど、本心はもっと稼ぎたいに違いないと疑ってもいました。同時に、もっとがんばってもらわなければ困ると思い、実際にそう伝えたこともありました。

しかし、話せば話すほど、掛け値なしの本音であることが分かりました。

今では、当時の私が間違っていたと確信をもって言えます。

人生、人それぞれです。会社の発展を目標にがんばることで、イキイキとする人もいれば、儲けるよりも、余暇をイキイキと楽しむ人もいます。どちらに価値があるとか、正しいとか、比べられるものではなく、それぞれに価値があり、正しい生き方です。だから、本当の「イキイキさせ屋」であるならば、以前の私の価値観、つまり売上と利益を追求するという生き方を押しつけるのではなく、加盟店オーナーさんの生き方を尊重しなければなりません。

自分の目先の利益（本部の利益）を求める前に、他人の利益（加盟店一人ひとりの生きがい）を優先させる。これこそが盛和塾の教える「利他の心」ではないか。私なりにそのように考え、答えを出したのです。各人の生きがいを重視するならば、多様性を認めることは必然の成り行きです。

こうした経験と思索を踏まえて、本当のＦＣビジネスとは、「利他の心」に基づく「生きがい提供業」だという結論に至ったのです。

理念が明確ならば〝遊び〟があってもゆるがない

かつてこんな経験をしたことがあります。

ある日、60歳に届こうかという男性が、加盟店募集の説明会にやってきました。事情を聞けば、経営不振のために、20数年間ご商売をされていたお店を畳んだところだと言います。加盟を強く望まれていましたが、手持ちの資金は100万円のみで、調達の当てもないとのことでした。

100万円では、加盟していただくための頭金にも届きません。年齢的にも今から始めるには、厳しいものがあります。私は男性のためでもあると思って、加盟していただくのは難しいと率直に伝えました。

しかし、彼は何度も何度も懇願されます。

「ここを断られると働くところがありません！　何とかお願いします」

いくら説得しても引き下がらない彼を前に、私はどうしたものかと悩み困惑しながらも、ふと思いました。

「私は、何を迷っているのだろう？　こんなに熱心に加盟を希望されている人たちを受け入れることこそ、我々の使命ではないのだろうか」

たしかに100万円の頭金で加盟を認めるのは、自ら作ったルール……それも採算性から厳密に導き出したルールを破ることになります。しかし、社会的使命をないがしろにしてまで守らなければならないルールなど、意味があるでしょうか。
胸に手を当てて「利他の心」に則った行動はどうあるべきかを考え、例外措置として彼を迎え入れることを決めました。加盟後、その方は奥様と二人で懸命に取り組まれ、その後娘夫婦も呼び寄せて、月商が169万円に達するなど大いに活躍しています。

加盟店オーナーさんの多様性を認めたり、例外措置をとって加盟を認めたりと、ずいぶん裁量の幅の大きなモデルだと思われたでしょうか。
一般的に従来のFCは、緻密な契約書やマニュアル、徹底したシステムなどで成り立つビジネスです。裁量の余地を認めると、不公平が生じたり、事業の安定性を損なったり、トラブルが生じる恐れがあります。捉え方を変えれば、マニュアルやシステムに依存した、主体性に欠けるビジネスだという言い方もできるでしょう。

ここでいう「主体性」とは……少し分かりにくいかもしれません。経営者・責任者として事業を進める上での信念や軸足の置き方、その時々の状況に応じたビジネスマン、または人としての在り方や道理といったものでしょうか。

そういった事柄について揺るぎないものをもっていさえすれば、多少マニュアルやシステムでカバーできない領域が残っていても、的確な判断ができるはずである。私はそう思います。

カバーオールＦＣも、もちろんマニュアルをはじめさまざまな仕組みを整備していま す。しかし、仕組みに収まりきらない裁量の余地を残し、それを「利他の心」で埋めています。「利他の心」をもってすれば、盛和塾の経営体験発表で問題提起された「ＦＣビジネスの限界」は超えられるはずだ。それが私の結論でした。

ともに学びともに楽しむ、素晴らしいコミュニティ

カバーオールＦＣでは、私が盛和塾に入塾する前から、加盟店オーナーさんとコミュニケーションを図る機会や仕組みは作っていました。突き詰めれば、それはさらなる売上・利益のために、本部への協力を促す手段という側面があったわけですが。

ただそういった枠組みを構築してきたことで、それが、理念の浸透や加盟店オーナーさんとの信頼関係づくりなど、私が盛和塾で学んだことを実践する場として機能し成果をもたらすようになりました。従来から作ってあった仏に、魂が入るようになったと言えばよいでしょうか。

おかげで、私たちFC本部と加盟店オーナーさんとの間には、他のFCには見られない、和気あいあいとした雰囲気、そして、非常に強い信頼関係が築けていると自負しています。実際にどのような方法で、オーナーさんたちとコミュニケーションをとっているかを、ダイキチを例に、年間のスケジュールに沿って紹介しましょう。

毎年1月には、新たな決意のもとに、その年の目標を掲げる「方針発表会」を行っています。加盟店オーナーさん全員に呼びかけて、ご夫婦でも参加できる、最も規模の大きな集まりです。

本部企業としてこの1年間の経営方針を発表するとともに、成功している加盟店オーナーさん4名に「経営体験発表」をしていただき、ベストプラクティスを共有します。

会の後半では、優秀な加盟店の年間表彰やさまざまな余興を盛り込んだ懇親会を開いて、本部・加盟店間およびオーナー同士の交流を図っています。

5～6月には、大阪、京都、名古屋など、それぞれの地区本部が主催するＢＢＱ（バーベキュー）大会を開催しています。この場には、加盟店オーナーだけでなく家族も揃って参加し、懇親を深めていただいています。

ダイキチでは加盟店オーナーを「パイオニア」と呼びますが、10月には「パイオニア交流会」と称し、普段、顔を合わせない、地域を超えたオーナーさんたちが集まって交流しています。

11月には「オーナー総会」が行われます。加盟店オーナーによる組織（オーナー会）の年次総会にあたり、本部に対する要望事項などが討議・決議されます。

この他、不定期ですが年に2回、オーナーさんの奥様方を中心に開催している女子会や、ゴルフやツーリングなどの趣味の会なども開催しています。

このように時期や目的に応じて、ダイキチではバラエティに富んだ会やイベントが設けられています。こうした場を通じて、真剣に学び、心から楽しみ、信頼をベースに本音で語り合えるコミュニティが形成されています。

どこまでも加盟店の声に耳を傾ける

前の項で、ダイキチのFC運営に係る年間スケジュールについて述べる中で、オーナー総会について少し触れました。皆さんが本音で忌憚なく話し合えるよう、この会議には、私はもちろん、当社の社員は一切参加しません。加盟店オーナーの方々による自主的な運営に委ねています。

加盟店オーナーが集まり、本部への要求・要望を話し合い、それを受けとった本部が、結論はともかくとして、その内容を真摯に検討して対応していく――このようなスキームを認め、スケジュールに組み込んでいるようなFCはあまり例がないのではないでしょうか。

お客様からの声（クレーム）は、製品やサービスを改良するためのヒントが詰まった宝の山である――。このような話をされる経営者は大勢います。加盟店の声であってもそれは同じはずです。実際にお客様の元に伺い清掃実務を担っているのは加盟店なのですから。そんな風に考え、オーナー総会で決定した件に限らず、さまざまな機会を捉えて、できる限り加盟店の声に耳を傾けるというのが当社の方針です。

どのような要望が寄せられるか、いくつか事例を挙げたいと思います。

実際にあったものとして、「FC運営に係る制度やルールなどについて新設・変更される際の告知等について、もっと丁寧に分かりやすくして欲しい」「本部が受注してきた案件について、実際に清掃を担う加盟店に渡す際の引継情報をもっと充実させて欲しい」といった指摘を受けました。これは、楽をしたいとか得をしたいといった類いの話ではなく、スムーズに仕事を進めたり、お客様に良いサービスを提供したりするための提案です。実にありがたい指摘であり、すぐに善処しました。

取り分や負担など、お金がからむ話はなかなか簡単ではありません。第1章の「中高年の仕事人生の再生に向けて」でも触れましたが、たとえば、清掃をしていた会社が倒産してしまい、代金が回収できなくなった場合、元々のFC契約では、加盟店が負担することになっていました。仮に20万円の未収が発生した場合、当社にとっての20万円と加盟店にとっての20万円ではダメージが全く違います。

お客様アンケートをきちんと実施し本部に提出しているかなど、きちんとルールを遵守されている中で発生したものについては、それ以降、本部が全て負担するよう運用を改めました。

加盟金についても同様です。一般的なFC契約では、一度納めた加盟金については理由の如何を問わず一切返却されないのが通例です。売上保証を行っているカバーオールFCでは、基本的には業績不振から脱退する人はいませんが、中には病気や死亡によって廃業に至るケースがあります。その際も、未収金と同じような条件の下で、その一部を返金するように改めました。

「休みが欲しい」という要望が寄せられたことがありました。

従来から、冠婚葬祭などのときは、休んでいただけるよう本部のメンバーが清掃を代行する制度を設けていましたが、それでは十分ではないというのです。話を伺ってみると、清掃頻度等は契約で決められており、自分で休みを決めて取得することができない。よって家族旅行すら行けないとか、お子さんの習い事の発表会などがあっても見に行くことができない、というご相談でした。

以前の私であれば、「事業主なんだからそれくらい我慢してもらわないと。冠婚葬祭については配慮しているんだから……」と考えたかもしれません。今は違います。イキイキするために必要ならばと、そういった用件や事情がある場合にも、カバーオールでは本部が清掃業務を代行する仕組みを設けることにしました。

毎年、特に素晴らしい実績を上げられた5つの加盟店を表彰し、当社が法人契約している会員制リゾートホテルに骨休みに行っていただく特典も差し上げています。

しかもこれは「有給」扱いです。サラリーマンではない加盟店オーナーに対して「有給」というのも変ですが……つまり、報酬計算上はその間も担当先の清掃をちゃんと行っていただいたものとカウントした上で休暇を満喫していただこうというものです。

ただ残念なことに利用率が高くありません。「せっかくの休みだから遠出するよりゆっくりしたい」「家族と旅行に行こうにも予定を合わせるのが難しい」などと、権利行使を辞退される方も少なくありません。

そのため、最近はお食事をご馳走させていただく特典と選択できるようにしました。

これは、ご家族でお望みの外食店に行って美味しいものを食べていただいた上で、領収書と引き換えに、当社がその費用をお支払いするものです。こちらの方は、導入以来なかなか好評で、宿泊特典より利用率は高くなっています。

このような形で、できる限り加盟店の要望に耳を傾け、またその貢献に報いるような運営に力を注いでいます。

盛和塾を参考に未来塾をスタート

ＦＣ本部として、清掃技術を教えたり、さまざまな要望に応えたりするだけでなく、経営者としての学びの場の提供にも取り組んでいます。それが盛和塾をモデルに、新たな試みとして２０１５年にスタートさせた「未来塾」（現在は「新未来塾」）です。

これは従業員を雇用するダイキチの加盟店オーナーさんに限定した勉強会です。

初期投資負担が比較的軽いこともあり、多くが個人として加盟するカバーオールＦＣですが、成長意欲の旺盛な加盟店は、業績や規模を拡大し、法人化や従業員の雇用といったステップに進まれる方も少なくありません。そうすると加盟店オーナー自身の生きがいだけでなく、自らが雇用する従業員のイキイキも追求していただく必要があります。本部としてもそれを支援しようと、経営者としての力量を磨く場として未来塾を立ち上げました。

毎年5月から翌年1月まで、月1回、当社にコンサルタントを招いた上で、経営について学びながら、お互いに切磋琢磨しています。講座の締めくくりとして、塾生は自社の中期経営計画を作成します。

中期経営計画が完成した2～3月には、会場を借りてその発表会も開催します。そこには当社社員が出席するのはもちろん、発表する塾生が経営する会社の従業員の方々にも聞いていただきます。また自主参加ではありますが、既存塾生に続いて、いずれは自らも従業員を雇用して事業の拡大をめざしたいと考える方など、加盟店の方も数多く参加されます。

それだけではありません。まだ加盟を検討中の方もお招きします。我々本部の人間がセールストークを流暢に並べ立てるより、加盟店の方々が、いかにイキイキと実績を上げ、また魅力的な将来を展望されているか――その輝いている様子を見ていただくのに優るクロージングはありません。

私がさまざまなFC本部の様子を拝見して気になるのは、加盟店同士が活発に交流したりコミュニケーションを図ったりすることに対して、必ずしも積極的ではない、もしくはできる限り回避したい――そんな姿勢が見え隠れする本部が多いということです。

加盟店同士が刺激し合うことで、ともに成長していく方法・風土が育まれるとしたらそれは間違いなく歓迎すべきことであり、積極的でない現状についてとても残念に思います。カバーオールFCはそれとは対局に位置すると言ってよいでしょう。第2章の「FCビジネスの歴史と今の姿」で述べたような、本部・加盟店間の「情報の非対称性」は求めません。

公開できる情報はどんどんオープンにし、学べる場を積極的に提供することで、カバーオール事業の発展と、この事業に関わる全ての人がイキイキできるように努めています。

※本文中に記載の「東京ディズニーランド」はディズニー・エンタプライゼズ・インクの商標です。

第4章　こうしてオーナーになった私たち
——カバーオール加盟者の声

①ラーメンチェーン店FCオーナーからカバーオールに転身

中尾 貴輝《たかてる》さん
〔51歳男性、加盟歴約9年、名古屋地区本部〕

カバーオール事業を始める前の私は、あるラーメンチェーンの店舗を経営していました。17歳の時にそのチェーンの店舗でアルバイトとして働き始めたのがスタートでした。その後、本部の社員となり、直営店で勤務し、28歳のときに、独立制度によるのれん分けで、自らの店舗を持ち、経営するようになりました。

むろん社員として働き続けることもできましたが、せっかくの機会でもあり、一国一城の主として頑張ってみたいと思いチャレンジすることにしました。その後、資金を貯めてもう1店舗出店し、名古屋市内に2店舗を構えるFCオーナーとなりました。

経営者となると、「おいしいラーメンを作って提供し、お客様に喜んでいただく」ことのみに注力するわけにはいきません。売上の確保、資金繰り、人員の確保やシフトの調整など、それまでとは異なる仕事に忙殺されます。

店舗の営業時間は、11時から明朝5時までの18時間でした。急に誰かが休んだりすると、自分が店に出てそれをカバーすることになります。若くて体力もあったのでなんとか頑張りましたが、連続勤務が続いてフラフラになることもしばしばでした。それでも満足のいく売上があれば良かったのですが、繁盛していない店舗を開け続けるのは、精神的に厳しい面がありました。

若くして店舗を持ったこともあり、開業当時を振り返ると、やはり経験不足、実力不足だったと思います。過労とストレスで病気にもなり、このまま続けていては、傷口が深くなるばかりです。

これからの身の振り方について考えているときに、同じチェーンの本部企業出身の方から「話だけでも聞いてみたら」といって紹介してもらったのが、野村さんという方でした。実は野村さんも元々は同じチェーンで勤務されていたのですが、当時はほとんど接点がなく、現在は清掃事業のＦＣ加盟店を営んでいるということでした。それがカバーオールだったのです。

お目にかかってまず感じたのは、自分の仕事や生活についてお話しするときの前向きな様子でした。自慢するわけでもなく、ただただ自分の人生を楽しんでいる。そのことが野村さんの表情からありありと伝わってきました。「なんで、この人はこんなにイキイキとしているのだろうか」

野村さんは、私より10歳ほど年上なのですが、店舗経営に疲れ果てていた自分から見るとまぶしいぐらいで、仕事や事業の中身についても話してくださったと思うのですが、私はただひたすら「ああ、こんな風に生きられたら幸せだろうな」と思うばかりで、伺った内容はほとんど頭にインプットされることなく、その日は家路につきました。

変な話ですが、カバーオールをしたいとか清掃事業をしたいというのではなく、野村さんのようにイキイキとできる生き方、仕事がしたいというのが、私が抱いた偽らざる率直な想いでした。後になって、それだけではまずかろうと、改めて野村さんにお仕事について伺い、その紹介で、名古屋本部の方の面接を経て、晴れて加盟店に加えていただくことになりました。

私だけでなく家族にとっても大きな転機ですから、一応家族会議を招集しました。当時、娘と息子は小学校の3年生と1年生だったと思います。今までのラーメン店の仕事から掃除の仕事に変わることについて、子どもは「ふーん、そうなんだ」という感じ。妻は「あなたがそう決めたのならそれでいいよ。反対しないよ」と、腹をくってくれました。やはり家族の応援がないとピンチに直面したときも踏ん張れません。妻は看護師なのですが、開業当初の慣れないうちは、時間を作って清掃業務も手伝ってくれました。本当に感謝しています。

経営してきたラーメン店は、本部の仲介により次のオーナーさんに1千万円で譲渡することができました。その時点で借入がほぼ同額あったので、差引ゼロからのスタートになりました。結果的にラーメン店は手放すことになりましたが、未成年だった頃から雇ってもらいさまざまなことを教わり、また経験をさせていただいたそのラーメンチェーン企業には本当に感謝しかありません。

カバーオール事業をスタートさせるに際し、お客様とのコミュニケーションがうまくとれるかどうかという点に不安がありました。ラーメン店での接客は、来店されたお客様に対する受け身型のものと言えると思います。一方で、清掃に伺う場合の接客は、攻めという表現が適切かどうか分かりませんが、型どおりのものとは違うお客様の特性や期待内容に合わせた戦略的なコミュニケーションが求められるように思います。

同じ業務をやっても、「お金を払っているんだしきれいになって当たり前だよね」という反応の場合もあれば、こちらの気遣いなどが向こうに伝わった結果、「そこまでしていただいてありがとうございます」といった言葉をいただくこともあります。

まだまだ勉強中ではありますが、会話ややりとりの中で、できる限り「お客様はどうして欲しいのか」を常に考え、できるだけ痒いところに手が届くよう心がけています。お客様によっては、直接我々に伝えるのではなく本部の方に、本音をもらすような方もいらっしゃいますので、本部の方の情報提供や助言をしっかりと受け止めて、活かしていくことがすごく大切だと思います。

日常清掃と異なり、年に数回だけ行うような定期清掃では、時として、とても大きな案件が舞い込みます。一つの加盟店では対応が難しい。そうした案件では、いくつもの加盟店が協力して清掃を行う態勢をとることがあります。先日は、誰もが知る大企業の港区の工場について、食堂や事務所も含めた大規模な清掃の依頼があり、野村さんを含め、皆で力を合わせて取り組みました。自分たちでも、しっかりと声を掛け合い、分担や連携をしながら高いパフォーマンスの仕事ができたという手応えがありました。最初から最後まで立ち会って、一部始終を見ていらっしゃったその工場の担当の方からも「素晴らしいチームだねぇ」と褒めていただきました。

普段は、各々別の場所で自分の担当物件をこなしているのに、まるで日々一緒に活動しているとお客様が感じるほど、スムーズに意思疎通を図りながらプロとしてのサービスを提供できたことに誇らしさを感じました。

加盟店同士が限られたパイを奪い合う競争関係ではなく、互いに協力し合って価値を生み出す共創関係の下で仕事ができるのは、他のFCにはないカバーオールの素晴らしい点です。本部との信頼関係はもちろんですが、加盟店のネットワークの魅力をさらに高めるその一翼を自分も担いたい。そのように思っています。

②広島地域初の加盟店として駆け抜けた1年

河村 晋《すすむ》さん
〔51歳男性、加盟歴約1年、広島営業所〕

カバーオールが広島エリアに進出したのが2022年4月のことでした。私は広島営業所における第1号加盟店として、妻と息子の3人でこの事業に取り組んでいます。

それまでの30年間は、郵便局で勤務していました。郵便・貯金・保険の三事業を経験し、特に後半の15年間はお客様の資産運用や、担当者の育成指導といった業務に携わりました。高齢化の進展や低金利（ゼロ金利）時代の長期化といった時代背景のなか、資産運用を賢く取り入れながら、老後資金の確保のお手伝いをするべく、顧客層の裾野の拡大に向けて懸命に取り組みました。

ところが近年、経営体制の見直しなどを機に会社の方向性も変わり、私たちの業務もさまざまな影響や制約を受けるようになっていきました。なんとなく、もやもやした気持ちで仕事をすることが多くなり、このまま定年まで勤務し続けることにためらいが生じました。それまで30年間、精一杯やりきったという感覚もありましたので、次の道を歩もうと2022年3月末をもって退職することを決めました。

その後の針路について、特段、「独立したい」とか「経営者になりたい」といった希望はなかったのですが、家族で一緒に取り組めるような仕事ができれば理想的だなぁ……そんな想いは心の中にありました。そんなときに同居している母が、「こんなのが入っていたよ」と新聞の折込広告を持ってきたのです。このたびカバーオールが新たに広島地域に進出します、つきましては加盟店を募集します――そのような内容だったと思います。そのチラシを見て、私は初めてダイキチやカバーオールの存在を知ったのですが、そこに記載されていた情報が、まさに私に向けて書かれているのではと思うほど、自分にぴったりだと感じたのです。

その後、自分なりに情報収集したり、本部の方の話を伺ったりしながら頭を整理していったのですが、加盟を決断した理由は大きく3つあったように思います。

まず1つめはカバーオールのビジネスの仕組みが素晴らしいと感じました。任せた地域において、受注や売上を獲得することを加盟店に期待する（求める）FC本部が多いなか、売上保証の話について「そんなにうまい話があるのか」と思ったものの、説明を聞いてなるほどと思いました。成否が大きく分かれる営業機能を本部が担い、受注後の業務を加盟店が受け持つことで、働いた分だけの収入が得られ経営の安定が見込めます。

2つめは、充実した研修カリキュラムが用意され、未経験でもきちんとマスターできることの裏返しとして、年齢層や属性、職歴など、実に多様な方々が加盟し、活躍されているということを聞けたことでした。一人で営むのも良し、夫婦や親子など家族経営にしたり、外部人材を雇用して規模拡大を図ったりするなど、その方のライフプランや価値観に合わせた経営が可能であることも魅力でした。

3つめは「オール・フォー・イキイキ」というダイキチの理念にすごく共感できたことです。前職では「すべてはお客様のために」といった想いをもって仕事に取り組んできました。掃除の世界でも、お客様に喜んでいただける仕事を追求しつつ、さらに自分と家族のイキイキとした生活を実現できればと強く思いました。

そしてもう一つ付け加えるなら、なんとなく縁のようなものを感じ取ったことが挙げられます。郵便局でお世話になった30年、50歳を迎える区切りのときに、カバーオールが新たに広島に進出してくると……本部の体制が整った地域と比べ、苦労はあるでしょうが、どうせやるなら第1号の加盟者として挑戦してみたい。そのことに、不安を上回るやり甲斐を感じました。

妻と息子も一緒にカバーオール事業を営むことに同意してくれました。とはいえ、家族3人が皆同じ仕事でご飯を食べるのは、計画通り進まなかった場合のことを考えると、決してリスクは小さくありません。元々妻は他の仕事をしていましたので、その仕事と並行するダブルワークのような形でスタートしました（現在はカバーオール事業に専念してくれています）。

高揚感も抱きつつ事業をスタートさせた私たちでしたが、新しい市場で本部が本当に仕事を取ってきてくれるかどうか。不安がなかったと言えば嘘になります。しかし、そうした心配は本当に短期間に消え去りました。本部の方々も、第1号加盟店の我々にそのような不安を抱かせてはいけないと頑張ってくれたのでしょう。すぐに私たちだけではオーバーフローしかねないぐらいの仕事を確保してくれました。むしろ、我々に続く加盟店を頑張って見つけてくださいとお願いせねばならないほど多忙になっていきました。

地域のバラツキについては、解消まである程度の時間を要しました。地区本部が受注された案件を、限られた加盟店で対応するため、当初は片道1時間クルマを走らせて呉市のお客様のところまで伺うこともありました。

スタートして3カ月くらい経つと、加盟店一つではとても対応できない定期清掃の大きな仕事が決まりました。対象となったのは介護施設。お休みの日に清掃作業ができる工場や事務所などと異なり、利用者の方が生活していらっしゃるところにお邪魔して作業をするため、その分多くの時間や労力を要します。

当時、1号(私)、2号、3号までの加盟店さんが事業を開始していました。私の家族や、他オーナーの家族、本部のスーパーバイザーなど広島エリアの関係者総出で――それでも8名ほどですが――皆で協力して3回くらいに分けてその仕事を全うしました。良い仲間ができたなぁとうれしかったのを覚えています。

広島地区本部の旗揚げから1年が経過し（取材は2023年3月）、加盟店は8つになりました。加盟店が増えるにつれ、担当地域は絞られていき、現在は広島市内の南区・中区・西区にほぼ集約されています。

これまでの1年間はとにかく前だけを向いて必死に駆け抜けてきた、そんな感じです。個人事業の場合、サラリーマンと違って定年がありません。健康や体調管理に留意しつつ、あまり背伸びすることなく家族でできる範囲でできるだけ長く続けていきたいと思っています。そして、自分が働くだけでなく、金融の仕事で培った知識を活かして、お金にも働いてもらうことで、豊かな老後を過ごせる、そのための経済的基盤を作っていければと考えています。

また、少し時間的な余裕ができてきた暁には、他の地域と同様に、このエリアのＦＣオーナーの皆さんと交流を深め、広島のカバーオール事業を盛り上げていければと考えています。

③脱サラ後のカバーオール加盟で一石二鳥

塚田富士雄《ふじお》さん
〔62歳男性、加盟歴約9年、東京西地区本部〕

18歳で社会人になった私は、これまでさまざまな職に就いてきました。53歳でカバーオールに加盟する直前には建設業界で働いており、現場の施工管理をしていましたが、現場と言っても使うのは身体よりも脳みそ。建築現場の段取り、職人の差配、安全管理のことなど、ずっと現場のことを気にしており、忙しなく働いていました。身体だけでなく頭も休まらない日々が続く中、50代に入るころにはこの生活を定年までずっと続けることに違和感をおぼえ始めていました。子育てがひと段落したのをきっかけに、「もういいよね」という感じで、サラリーマン人生に終止符を打とうと考えました。今から10年ほど前のことです。

前職では給料などの会社としての待遇に不満はなく、脱サラを考えるきっかけとなったのは仕事そのものの内容でした。退職後に何をするかを考えるにあたっては、自分には何ができて、それがずっと続けられる仕事なのかどうか、ということが重要なファクターとなっていました。

あらゆる分野で次の仕事を模索していた中、インターネットでフランチャイズイベントが池袋で開催されていることを知り、参加しました。これから自分で事業を始めるということは決めていたので、こういったイベントに参加したり、インターネットで何ができるかいろいろと情報収集をしたりしながら、フランチャイズでの起業をかなり意識するようになっていました。お墓の清掃や革製品のリペアなども検討しましたし、以前に車のディーラーで整備士もやっておりましたので、車のアルミのリペアも候補の一つであったりと、選択肢は非常に多かったと思います。ただ、しっくりくるもの、やりがいをもって続けられそう、と思えるものにはそう簡単に出会えません。探しているうちに、基本的には一人で気兼ねなくできること、それから年齢を考慮すると、体力的にへビーな仕事は向かないだろうということも分かってきましたので、いずれも次の仕事として始める決断には至りませんでした。

情報収集している中で、ついに見つけたフランチャイズがカバーオールでした。インターネットで見つけて、仕事内容や条件はぴったり合いそうだと思い、早速本社説明会へ参加しました。そこで説明を受け、「これならできそう」ということで作業研修を申し込みました。加盟前の研修会があるというのは、本当にありがたかったです。実際にどのような作業があり、どのような質が求められるのか、しっかりと研修を受け、私の心配事はほぼ払拭されました。研修会を経て不安が解消された私はあまり悩まずにカバーオールへの加盟を決断しました。これまで調べた中で一番自分にぴったりだと思いましたし、それは加盟後の研修を通じてますますそう感じるようになりました。

フランチャイズは「成功のパッケージ」と言われるように、脱サラ後の人生を考え始めた当時の私にとって、「フランチャイズ」というものは無意識に次の仕事の選択肢になっていました。50代での起業ですから、「ゼロ」からは厳しいと考えていましたし、フランチャイズなら「一」から始められるとも考えていたのでしょう。

カバーオールを開始してからは、思わぬ副産物がありました。身体がすごく健康になっていったのです。前述のとおり、前職では現場や作業員への集中を切らすことは厳禁、加えて休日や夜間の仕事も多かったので、頭も身体も休まらない、そのうえ運動不足に陥る。万歩計は1日300歩程度で、自分の健康は後回しの状態です。加盟後は稼働ペースが週6日くらいで、1日に5~8時間の仕事で帰宅。早朝からの仕事に変わり、夜も早い時間に寝る。仕事は清掃ですので、万歩計も毎日優に1万歩を超えます。退職の目的であった、忙しなく働くストレスからの解放も達成し、心身ともに健康になるべくしてなっている、そんな生活に変わっていきました。

以前はカバーオールに加盟して一番良かったこととして答えるなら、この「健康になったこと」という副産物であったかもしれませんが、今は「家族で働けていること」が一番でしょうか。加盟した当時は、自分の働き方を変えることが目的でしたので、家族で働く、ということは特に考えていませんでした。私自身が1年間働いてみて、自分に目に見える変化が現れたのを見た家族が、清掃の仕事を手伝う、と言ってくれたのです。そこから妻と息子にも研修を受けてもらい、ときどき手伝ってくれるようになりました。3人体制で再スタートです。

ここまでカバーオール加盟後の良いことしか述べていませんが、50代で環境を変えて新しく始めた仕事ですから、加盟後に失敗がなかったわけではありません。

5年ほど前の出来事ですが、開始して間もない現場で、お客様から「清掃を行っていただきましたが、埃が残っていました」という連絡をいただいたことがありました。掃除機をしっかりかけたつもりでいたので、なぜだろうと原因を調べてみたところ、掃除機から出る排気の風で、移動できない物の隙間から埃が出てきてしまっていたようでした。仕事に慣れてきたころの出来事だったうえ、作業終わりの確認をしっかりとしていれば気づいていたものでしたので、悔しさは大きいものでした。カバーオールは研修制度が充実していますが、現場で養っていかなければいけない視点があるのも事実です。作業の改善をし、そのお客様にはその後も継続していただいており、自分のスキルを向上させることのできる、恵まれた環境で働けていると今でも感じています。

現在は、こういった改善すべきことを一人ではなく、家族で共有しながら仕事をしています。最初は手伝いだった息子は、3年前から事業を継承するつもりで一緒に働いています。仕事に対して前向きであり、以前に比べて家族での会話も増えたのではないでしょうか。

毎朝、ダイオーズカーに家族3人が乗ると、「さあ行くぞ」という感じで、和気あいあいとした楽しさがあります。仕事を楽しめるのは、家族でやっていることに加えて、やはりお客様から感謝の言葉をいただける機会が多いからだと感じています。ログブックという作業報告やお客様からのご要望を書いていただくツールがありますが、業務的なやりとりだけでなく、感謝の言葉を書いてくださるお客様が多く、毎日のモチベーションにつながっています。

恵まれた環境で働いていると欲が出てくるもので、自宅が郊外なのでもう少し自宅近くの案件があれば……と思うこともありますが、これは些細な悩みです。とにかく、定年はないし、気持ちよく働けるし、身体が動く限りは家族で続けていきたいと思っています。

④40名の仲間と年商10億円企業をめざす

株式会社sfcs代表取締役　松下正剛《しょうごう》さん
〔58歳男性、加盟歴約9年半、高槻地区本部〕

専門学校に通って調理師となった私は、飲食店にて社会人生活をスタートさせました。28歳まで飲食店で勤務した後、大手運送会社に転職。ドライバーからスタートして、その後、社内業務に従事するようになりました。

サラリーマン時代の私は、たとえ上司の出した方針であっても、現場の実態を踏まえない的外れな指示に、黙って従うのではなく、おかしいことはおかしいと直言してきました。社内には、私の意見が正しいかどうかではなく、そのような言動自体を許せない上役もいて、何かと嫌がらせを受けるようになり、最終的にはそんなパワハラに嫌気がさして、違う道を歩むことを決めました。48歳のときです。

部長や経営層ならばキャリアアップにつながる好待遇の募集もあったと思いますが、私のような下位の管理職の場合、給料が下がるケースがほとんどでした。家族との生活もありますから、それでは困るなぁと考えあぐねていたところ、転職サイト内に掲載されているカバーオールの加盟店募集に目が釘付けになりました。普通ならあり得ません。「えっ……転職サイトの中にＦＣ加盟の募集広告？」と驚き、場違いゆえに余計興味を持ちました。今になって考えれば、ダイキチさんの思惑通りだったのかもしれません。

書かれている内容を細かく読んでみると、これならば必死で頑張れば、今までの生活は維持できそうだ。そんな感触を得ました。それから、以前携わっていた飲食業界なども含め、さまざまなＦＣビジネスの情報を集め始めました。色々調べて比較した上で、やはりカバーオールが一番魅力的だとの結論に至りました。妻に一度意見を聞いてみたところ、「サラリーマンの方が良い」との返事でしたが、前のめりになっている私に何を言っても無駄だと思ったのか、最後は受け入れてくれました。

当初、事業を拡大するという考えは私の中に全くありませんでした。ただ、血縁者でない人材を雇用したり、法人を設立したりして、事業拡大を志向されるＦＣオーナーさんも少なからずいらっしゃり、そうした姿に触発され、自分もスタートから半年くらいしたところで人を雇い、拡大に向けて舵を切り始めました。

さらに2018年には、株式会社ｓｆｃｓ（本社：大阪府摂津市）という法人組織に移行しました。ｓｆｃｓは「Stylish Fast Clean & Smiling」の略です。

「仕事ができる人」とはどういう人か。スマートに早く（速く）きれいに仕事を済ませる。さらに心に余裕があるので笑顔が絶えない。そんな理想像をイメージしてそれぞれの頭文字をとりました。清掃業務に限りません。事務職だって、できる人は机がきれいに保たれ、頭の中も整理されていて、仕事の段取りも良く考えられていて早い。お客様からの要望に対するレスポンスも速い……職種に限らず言えることだと思います。

個人事業として軌道に乗るまでは比較的順調でしたが、規模拡大のプロセスに入ってからは、それまでとは違う苦労を多く経験しました。現在は、正社員7名、アルバイト32名、私を含め40名に達しています。ここ2年くらいで一気に拡大して大所帯になりました。やはり会社を設立した後に、法人にふさわしい福利厚生制度などを整備していくなかで、フルタイムで勤務してくれる人材も増えていきました。40名の内、６名は外国人です。外国人雇用という点では、カバーオールの加盟店としては先進的だと自負しています。

前の会社では、苦い思い出もある一方、経理や品質管理、労務、人材育成、法律など、さまざまな分野の業務に携わったり研修を受講したりする機会がありました。当然ながら企業経営では広範な知見が求められます。前職でのそうした知識や経験がとても役立っており、そういった意味ではとても感謝しています。

またダイキチの小田社長には、ＦＣ制度とか本部サポートといった枠組みを超えて、さまざまなサポートをしていただきました。私から相談やお願いをしたわけでもないのに、「今、こういうことで困っているんじゃないか」「こういうサポートが必要なんじゃないか」と突然電話が掛かってきて、「そうなんです」というと、助け船を出してくれたり、助けになる金融機関を紹介してくれたり……ありがたいことに何度か助けられました。

私自身の失敗から得た教訓も踏まえて申し上げるならば、規模拡大に不可欠な人材の採用については、慎重を期すべきかと思います。仕事量が増え、人手不足になってくると、経営者自身の負荷軽減のために、本来であれば採用すべきでない人材を安易に採用する愚を犯しがちです。クレームが発生すればその対応に余計時間や労力を割く必要に迫られ、何よりも大事な信用と信頼を失ってしまいます。

当社の社名について、仕事がスピーディで格好良くなどと、その由来を紹介しましたが、それはあくまでも想いであり理想です。一朝一夕にはいきません。前言をひるがえすようですが、採用時に最も重視する点は何か。どんくさくても、仕事が遅くても、覚えるのが苦手であっても、そういった点はカバーできます。最も大切で譲れない条件は、嘘をつかないことと向上心があること。その2つです。自社のオフィスや工場で勤務してもらうわけではなく、お客様の元に社員を送り出すわけですから、そうした信頼関係が築けるかどうかはとても重要だと思います。

先日、入浴設備のある施設の清掃を行っていたところ、その施設に来店客として来られていた方から「この施設を担当されている清掃業者さんですよね」と声を掛けられました。さらに「いつも利用させていただいているのですが、とてもきれいに清掃されているなぁと感心していました。実は私もいくつか店舗を経営しているのですが、ぜひうちの施設の清掃もお願いできないでしょうか」とのお話をいただき、新たなお仕事につながりました。

株式会社ｓｆｃｓとしては、５年後に３億円、10年後に10億円を売り上げることを目標にしています。カバーオール事業だけでこの数字を達成するのは困難なので、いずれは他の事業も手がけようと検討を進めています。

カバーオール事業の本質は、長期にわたってお付き合いいただけるお客様をいかにして積み上げていくかというストックビジネスです。また売上のブレが少なく、計画通りの業績を上げやすいという利点があります。成長意欲を持ち、大きな計画や構想も描くのは楽しくまた夢のあることですが、一方で、前述した例のように、目の前にある一つひとつの仕事を丁寧にきちんとこなし、売上とともに、顧客という資産、その方々からの信頼と評価をいかにして蓄積していくかが、全ての前提になります。今後もそうした基本を大切に、事業の発展に向け取り組んでいきます。

⑤ゴルフ業界からの転身で心身の健康を取り戻す

其阿弥《ごあみ》 貴之《たかゆき》さん
〔53歳男性、加盟歴約1年、北大阪地区本部〕

カバーオール事業に参画したのは2022年の10月なので、取り組み始めて半年程度です（取材は2023年3月）。北大阪地区本部の所属ですが、自宅のある尼崎市や西宮市など兵庫県東部の案件を担当しています。

この事業に転身する前の私は、ゴルフ用品販売店をチェーン展開する会社、ゴルフ場を運営する会社、小規模なゴルフクラブメーカーと、30年以上にわたってゴルフに関連する事業を営む企業でサラリーマン人生を歩んできました。最後のクラブメーカーは、以前の勤務先の上司が起業した会社で、社長を補佐する立場でした。

会社には、独自性のあるクラブをプレイヤーに届けたいという想いを持った有能な人材が集まっていましたが、独断的な経営に嫌気がさして、社員がどんどん辞めていってしまいます。私も間に入るなどして自分なりに力を尽くしたつもりでしたが、経営方針や社員に対する接し方といった部分でどうしても溝を埋めることができませんでした。将来の展望が描けないまま、漫然と仕事を続ける気にはなれず、私自身も退職を決断しました。

そんな風に、疲れ果てた末に見切りをつけたという感じでしたので、その後のことについて「このような道を進もう」といった深い考えはなく、ましてや「起業したい」といった想いもありませんでした。ただ転職するといっても、50歳を過ぎており、条件面で厳しいことと合わせ、それまでの職場がブラック企業を絵に描いたような感じでしたから、「年下の上司にあごで使われながら、目標売上を追っかけるような仕事は嫌だなぁ」といったイメージを漠然と持っていて、どちらかというと転職への拒否感が独立に向かわせた面もあったかもしれません。

用品販売店時代の上司で、職場が変わってからも、時々電話で話したり食事をしたりする岩崎さんという知人に、退職を決めてから今後の身の振り方について相談したのですが、その方がたまたまカバーオールの加盟店を営んでいたのです。

老け込むことなくはつらつとお仕事をしながら、プライベートな生活もエンジョイしている岩崎さんの様子を見て理想的だなぁと思っていました。自分の周囲を見渡すと、定年退職してから身体を動かさなくなる。行動範囲が狭くなる。たまにシルバー人材のような形で働くことはあっても、就業時間も収入もわずかで、どんどん活動的でなくなり、一層老け込んでいく……つまり病気で動けないというのではなく、動かない環境に身を置くことでさらに動けなくなっていく。そのような事例を身内も含めいくつも見てきました。

50代である今から心機一転、カバーオール事業に取り組むことで60代、もし健康が維持できれば70代の前半になっても、活動的な人生が送れるかもしれないと思いました。一方で、経験もない自分に可能だろうかという考えも頭をよぎりました。そこで、どのようなお仕事なのか、また自分に務まりそうか見極めるべく、岩崎さんに無理を言って、1日だけ従業員のような形で岩崎さんが担当する清掃現場に同行し、体験もさせていただきました。

それまではあまり深く考えていなかったのですが、加盟金としてまとまった金額が必要な段階になって、自分がやろうとしているのは転職ではなく起業だということを初めて意識したように思います。蓄えがないわけではありませんでしたが、まだ高校生の息子もいて、これから先、教育費も掛かります。開業資金は政策金融公庫での融資なども利用して調達しました。

清掃に必要不可欠なスキルを身につけることは重要ですが、それ以上に痛感するのはコミュニケーションの大切さです。

本部の方々は、掃除の仕方を学ぶ場はもちろんですが、先輩パイオニア（加盟店オーナー）に付いて学ばせてもらう機会も作ってくれました。そこでお会いした先輩パイオニアからは、「私は新たに担当させていただくことになったお客様にご挨拶に伺う際には、必ずスーツにネクタイ姿で行きます」と教えていただきました。

それまでの人生で、清掃される方に対して「無愛想なおじさん」といった印象を持っていた私ですが、その方の話を伺って、やはり第一印象は大事だなと強く思いました。技量の向上は一朝一夕にはいきませんが、初回訪問時の服装など、やると決めればすぐにできることです。同行する本部の方はカバーオールロゴの入ったポロシャツなのに、実際に清掃する私がスーツ姿というのは少し変に思われるかもしれません。それでも最初のケジメというか、「これから私、其阿弥が担当いたしますので、何卒よろしくお願いします」という気持ちが少しでも伝わればと思っています。

事業をスタートさせて、徐々に物件が増えていくなかで、全くの新規ではなく、なんらかの問題が生じて担当者の変更を望まれた既存のお客様のところに、私がアサインされるケースもありました。まだ技術的には不慣れでしたが、そういった内輪の事情はお客様には関係ありません。どうしたらご満足いただけるだろうかと自分なりに考えて、契約にない箇所でも、気になったところはきれいにするようにしました。

そういうサービス行為も、黙っていればお客様は気がつかない可能性が高いですし、恩着せがましく言うのも効果的ではないと思います。「この清掃担当者は、任された施設についてきれいにする（保つ）という責任感を持ってやってくれている」と見なしてもらえるような信頼関係を築きつつ、そうした取組みの一環としてさりげない気遣いとしてやってくれている。そんな風に思っていただけるよう、自分なりに気持ちの良いコミュニケーションを心がけています。

カバーオール本部では、年に4回、ACRと言って、過去3カ月の清掃業務についてそれぞれのお客様と直接お目に掛かって、我々の清掃サービスについて喜んでいただいているかどうかご意見や評価を伺う機会を設けています。まだ私は1回しか経験していませんが、前述したクレーム物件についても「(前任者から)其阿弥さんに来ていただくようになってとても満足しています」という言葉をいただいたときはうれしかったです。

前の会社を退職する時も、カバーオール事業を始める時も、妻は「全てあなたにお任せします」というスタンスで、一切肯定も否定もしませんでした。何か言うことで、私の選択肢を狭めてしまわないようにとの気遣いだったのかもしれません。

ストレスだらけの前職から、身体を動かす仕事に変わって8kgほど痩せました。仕事にも慣れてきて多少余裕が生まれ、趣味としてのゴルフも少しずつ再開しています。カバーオール事業に参画することで得た心身の健康で、あと15年、20年と、仕事と私生活のバランスがとれた人生を楽しむことができればと考えています。

⑥一人で後ろ向きな退職、家族で前向きな事業展開

蓬田昭徳《よもぎだあきのり》さん
〔62歳男性、加盟歴約14年、東京東地区本部〕

私は現在、家族を含めた計10名でカバーオール事業を展開しております。加盟から2年で目標であった法人化も果たし、清掃業界に身を置いて早14年が経過しました。法人の代表は近々長男に交代する予定で、かなり前向きに事業を進めることができていますが、加盟直前、前職の退職はネガティブなものでした。

前職は建設会社で役員に就き、営業部長として営業や現場の管理、統括をしておりました。25年という長い期間サラリーマンとして勤めてきましたが、会社の経営者はワンマン、今ではあり得ないほどのパワハラや強制的な主従関係に疑問を持つようになりました。公共事業や大規模の現場も多く、仕事としては統括するおもしろさなどがあり、

給与面でも不満はなかったものの、自分のこれからの人生を考えたときに、最後までこの会社にいることが果たして正解なのだろうか、と感じ始めたのです。結果的に会社の方針に納得がいかず、人に使われるのはもう嫌だと、退職を決意しました。

退職後もどこかに勤める、ということは元々考えていませんでした。「独立」というキーワードで次の仕事を模索しているとき、フランチャイズの情報サイトでカバーオールを知ることになります。当時、フランチャイズ＝独立＝個人＝自由であり孤独、というぼんやりとしたイメージしかありませんでしたから、孤独ゆえに本部からどれくらいのサポートがあるのかは重視するべきだとは考えていました。業種は特に決めていませんでしたが、家族の生活もありましたので、「できるだけすぐに収入を得られる」という点、また、独立するにあたって「特別な資格を必要としない」「店舗を持たない」「自ら出向いていく仕事」であることを求めました。サイトで見つけたカバーオールについて調べてみますと、これらの点にあてはまるフランチャイズであることも見えてきたのです。

それに加え、本部が営業代行をしてくれるのは、私のような知り合いも紹介者もなく、初めての業界で仕事をする人にとっては、非常に心強いものです。自ら営業して仕事を取ってこないと仕事ができないことが多いこの業界で、100%仕事があるということは、安心材料の一つとなります。儲かるか、儲からないかではなく、生活が楽になるとかいうことでもなく、継続的に仕事があって収入があるというだけで安心、それだけで満足なのです。個別の説明会に参加してみて、私の細かい質問にも丁寧に答えてもらったことは、私の背中を押す一つの要因であったように思います。「営業代行」の安心感の一方で、雇われ人ではなくなる覚悟と、自分のやる気と目標を達成するという強い意志を胸に、2009年、カバーオールに加盟しました。

私自身、日常の暮らしで掃除をしたことがないわけではありませんが、自分がそれをプロとして仕事にできるのか、多少は不安がありました。しかし、私にとっては新しい分野に挑戦するワクワク感の方が勝っていましたし、どちらかというと家族の方がかなり不安だったのではないでしょうか。サラリーマンを辞めてしまうことを子どもたちに伝えたときは、突然のことだったので最初は反対されました。子どもが4人いるのですが、当時まだ育ちざかり、末っ子は中学生。「何を考えているんだ」とも言われました。ただ、事業をスタートし、毎日ダイオーズカーに乗る姿を見てもらえたことは、少しは家族の気持ちにもプラスに働いたと思っています。

カバーオールを始めてしばらくたったころから、妻と長男が仕事を一緒にするようになりました。長男は清掃業に慣れない私を心配して、一緒にやろうと始めてくれたのです。従業員研修をしっかり行って、仕事を覚えてもらいましたが、若いからか覚えもはやく、技術的なことはすでに抜かされています。前向きに仕事をする長男は、前述のとおり私の事業を受け継ぐ予定です。会社員時代は私がどのような仕事をしているのか、子どもたちにはわかっていなかったと思いますし、家族の理解のみにとどまらず、積極的な協力まで得て仕事をするということは、前職では考えられませんでした。共通の経験や話があることで家族、特に子どもとの会話も増え、家族でサービスの質を向上させている、という今まではない感覚が味わえています。独立して良かったと思える瞬間の一つです。

お客様からの反応や満足度を知ることができるのも、以前では考えられないことです。清掃を担当しているある会社のオフィスには座席表が貼ってあり、給湯室（掃除用具置場）のところには、私の名前が記載されています。清掃サービス業のオーナーとしてのやりがいを感じるとともに、そのオフィスでの私の居場所を気にかけていただいていることに胸を熱くしたことは、今でも忘れられません。

家族の協力が得られることで我が家の仕事のクオリティが上がる。お客様の求める仕事ができ、事業面で助けられている一方で、家族はがむしゃらな私を立ち止まらせてくれる存在でもあります。

数年前の大雪の日、スタッドレスタイヤの装着を確認した私は一人で、雪以外はいつもと同じルートを走り始めました。東京全域が大雪で凍結注意となった日です。現場へ向かう途中にある陸橋を渡り始めた瞬間、タイヤがすべり、車がスピン。対向車線にはみ出し、他の車にも衝突してしまいました。幸い、けが人は出なかったのですが……。私は開業以来、自分の都合で仕事を休んだことはありませんでした。何があっても現場に穴を空けない、お客様に迷惑をかけない、を信条としてやってきたので、この日もなんとしてでも行く、という想いで現場へ向かいましたが、結果は現場へ行けずじまい。行かない判断をするのと同じで、むしろ悪いものとなりました。

「がむしゃら、まっしぐらもいい加減にしなさい。臨機応変を覚えなさい！」と妻や娘にはこっぴどく叱られました。ダイオーズカーの事故ですので、相手側だけでなく一緒に事業を行う家族や社員、他のＦＣオーナーの方々へも迷惑をかけたことを深く反省する出来事となりました。

考え方や仕事のやり方も自分が若いころに身に付けた古い型が染みついており、今の時代に合わないこともあります。雪の日の事故はそのいい例です。泥臭くもここまで走り続けたことは誇りに感じていますので、今の時代に合う仕事の仕方はこれから家族と作り上げていければ……と思っています。

私はまだ引退するわけではありませんが、年代に応じた役割の交代は、組織や社会において必要な新陳代謝です。新しい世代をバックアップしていく次の役目を、私の経験も生かしながら楽しみたいと思っています。

⑦長年勤めたアパレル業界からの転身「私のエンジンは好奇心」

松倉朋之《ともゆき》さん
〔63歳男性、加盟歴約5年、東京南地区本部〕

新卒で入社した会社はアパレル系の会社で、35年という長い期間、営業職として勤めてきました。入社したころの80年代はバブル景気も相まって上り調子でしたが、やはり業界としてはバブル期を頂点に下り坂をたどる一方。私自身、働くモチベーションや好奇心は常にある方だと思っており、業界としての衰退はあまり気にせずに働いてきました。しかし2010年代以降、アパレル業界は急速に不況業界となります。アパレル産業への将来性を感じられないまま、このまま定年を迎えてしまってもよいものか……その時の年齢と定年までの年数を数えて、そんな気持ちになり始めたのはこの頃だったと思います。

本格的に定年後のことを考え始めたのは、55歳ぐらいの頃です。あれこれ考えているうちに、現在の自分のスキルとは関係なく、全く新しいことを始めたいと思うようになりました。それと同時に、次に就く仕事には自分なりの条件を設けていました。①定年がない職、②ニーズが常にある、③家賃など月々に必要な固定費がない、の3点です。

そんなとき、ダイオーズカバーオールを紹介するテレビ番組を偶然見ました。この番組を見てカバーオールへの加盟を考え始めた人は私だけではないと思いますが、私にとっては条件の3点をすべて満たすものとして、ある種特別なものに映りました。

自分がオーナーになることで定年がなくなり、「営業不要」の常に仕事のある状態、無店舗型で経費を抑えられるというものです。もう少し詳しく知りたいと思い、説明会にも参加しました。思った通りというよりは期待通りというべきでしょうか、私の次の仕事を決断するのに十分な内容でした。定年間近の58歳で、カバーオールに加盟することを決めました。

転職を繰り返してきたわけでもなく、新しい職を始めるというのは私にとっては新卒以来のことで、初めての経験でした。ドキドキはしましたが、不安というよりも早く始めたい、という気持ちの方が強かったことを覚えています。とはいえ、新しく始めた清掃事業がトントン拍子にいくわけではないことも分かっています。

「新しいことを始める」ということは「自分のスキルをゼロから作り上げていく」ことでもあるのです。事業を始めたばかりの頃には「思ったよりもきれいになっていない」というクレームを受けることもありました。そういったお客様の声を耳にする中で、求められるものが、担当するお客様によって異なることに気がつきました。

シンク周り、雑草の量、階段の隅、ごみの集積所など……。お客様が違えば、きれいにすることへのこだわりポイントもそれぞれ違います。カバーオールでの「スキル」とは単に清掃の方法を熟知して実践することではなく、要望を適切に把握し、それを実践に移すことができる力なのです。

そこで、もう一度丁寧に清掃内容を見直してみました。例えば、学童の教室で使うホワイトボードでは、マーカーを消した後にカスが出ます。「ホワイトボードをきれいにする」だけであれば、これまで通りでよかったのですが、カスがどこに落ちているのかを考えると、ホワイトボードの周りも注意して清掃する必要が出てくるのです。それからはボードの周辺で、カスが飛びそうなところまで注意して除去するようにしました。飛んで床に落ちたマーカーのカスが、児童の靴下に付着しない配慮のためです。細かいことですが、このようなやり方で自分の仕事を見つめなおした結果、今では事業を始めた頃にご意見をくださったお客様にも「ありがとう」と言っていただけるようになりました。実際に言われてみないとわからないものですが、こんなに多く「ありがとう」と言われるのは本当に最高の気分です。

お客様に満足していただけるように試行錯誤してきた一方で、人とコミュニケーションをとる機会が少なくなり、長年営業職をしてきた私にとってストレスとなる環境であったことも事実です。始めたばかりの頃はほかのオーナーさんと会うこともなく、丸一日誰とも口をきかない日もありました。また、早朝からの出勤に思ったよりも苦労し、最初の半年は帰宅するとバタンと寝て、翌日次の仕事場へ行くといった日々が続きます。気持ちが常に追い回されている……そのような気分でした。

状況を改善するには自分で考えて自分で行動するほかないと感じていました。仕事の入れ方も夜間の仕事を減らして昼間の仕事を増やしたり、アパレル業界での営業力を活かして、他のオーナーさんに声をかけて、ヘルプの仕事などを積極的に売り込んだりするようにしていきました。そのおかげで、今ではストレスよりもやりがいを感じ、仕事そのものも順調に進んでいます。収入の面でも3年目には、月収70万円に到達できました。お客様に対しても、自分に対しても、要望やしたいことを適切に把握して、行動を起こすチャンスがあるのは、カバーオールの特長の一つではないでしょうか。

私自身のメンタリティとカバーオールの相性の良さは、自分の過去を振り返ると当然のものだったと感じることがあります。私は39歳のときに、がんの手術や闘病生活を経験しました。治療の期間は、もちろん治療以外に何もすることができません。自分にとっては長い期間でした。

治療が終わった翌日、気づいたらジムへ直行して走っていたのです。そのときに感じたのは、「何もかも取り戻したかった」という強い思い、そして、「健康でいられるうちは、がんばれるうちは、がんばりたい」という決心でした。今思えば、「取り戻す」「がんばれるうち」という気持ちをその後の人生で強く感じたのは、カバーオール加盟を決断したタイミングだったのかもしれません。

長年営業職に勤めていたせいでしょうか、新しいことを50代で始めてみましたが、この年齢になっても、少しずつできるようになることが増えていくことはうれしいものです。今まで経験してこなかった「新しいことを始める」という行為を遅ればせながら取り戻している今、それをがんばることのできる今の自分がとても幸せだと感じています。

お客様個々のニーズを把握し、満足度を上げることで「ありがとう」という言葉もいただける。「努力しよう」「試行錯誤しよう」を繰り返し、それを楽しむバイタリティが、私をここまで導いてくれているものと思います。人生のモットーは好奇心。何をどのように考え、行動すれば良くなっていくのか。私を動かしているエンジンは、自分の気持ちを含めた、目の前で求められているものを探求する好奇心なのだと思います。

第5章　本部による安心のバックアップ

「営業不要」「売上保証」のオンリーワンモデルはなぜ可能か

この章では、カバーオールのFC本部機能について、もう少し深掘りしたいと思います。

製販分離が、私たちのフランチャイズ・システムを独自のものにしていることは、これまでにも説明しました。

営業は本部がしっかりやってくれるから、仕事の確保について心配したり悩んだりする必要はない。自分たちは任された案件について、お客様に喜んでいただける質の高い清掃サービスを提供しさえすればよい。そのような安心感や本部に対する信頼がベースにあるということです。

第3章で、私がダイキチのカバーオール事業の責任者に就く前には、売上保証をしているにもかかわらず、加盟店に紹介する仕事の受注が追いついていなかったという話をしました。

加盟店が清掃実務に専念できる環境を整えるには、我々本部が確実に営業活動で成果を上げ続けることが前提になります。つまりこの前提が崩れてしまうと、全てが絵に描いた餅ということになってしまいます。そういう意味で、我々FC本部の営業活動こそが、カバーオール事業のオンリーワンモデルを支える土台になっています。

なぜ売上保証できるだけの受注成果を持続的に上げられるのか。天才的なセールスマンがいるわけではなく、決して時流に乗った勢いでもなく、理にかなった営業の仕組みを築いてきたからです。何でもできるスーパーマンは、世の中にたくさんはいません。仮にいたとして、スーパーマンに依存し過ぎると、何らかの事情でその人がいなくなったとき、一気に事がうまく回らなくなります。非常にリスクの高い方法です。

それよりも、各々の持ち味を生かして役割分担をし、お互いに支え合う方が、長い目で見ると事業は安定的に発展します。本章では、そうした営業活動の様子を含め、FC本部としての当社の組織運営等について説明したいと思います。

「製販分離」モデルでは、加盟店は一切、営業する必要がありません（もちろん独自に営業活動をするのは自由です）。その点をとらえて、加盟店オーナーが一人前の経営者に育つのを阻害するモデルではないかとの意見をいただくことがあります。営業は経営の要であり、その部分をＦＣ本部に依存することは、経営の主体性を失ってしまうことにつながるのではないか、という危惧です。

私は、営業をしないからといって、それが経営者として半人前だとは思いません。ＦＣ本部が集中的に営業活動を行い、一方で加盟店は清掃業務に特化して専門性を高めるという役割分担を敷いた方が圧倒的に競争力は高まります。結果的に、より多くの仕事、より高度な仕事を手がける機会が増え、その中で経営者としての人格や手腕が磨かれると考えています。

科学的アプローチにより属人的営業から脱皮

今でこそ、加盟店への売上保証を着実に履行できる体制や仕組みが整っているものの、ダイキチでカバーオール事業の責任者を任された当初は、私も属人性に依存したマネジメントスタイルを採っていました。営業社員の個々の能力を見極め、さらなるスキルアップを促そうと、鬼軍曹さながらに、一人ひとりに対して厳しい指導をしていました。

そんな私を目覚めさせてくれたのは、ある社員の一言でした。

「部長だからうまくいくんですよ。部長は営業が上手だから」

よくぞ言ってくれたと思います。

「そうか、誰かれなく私と同じことを求めても無理なのか」

それから私は、スーパーセールスマンでない凡人でも成果の上がる仕組みについて考え始めました。同時に、個々人のスキルに頼っていては、いつまでたっても泥沼から抜け出せないことにも気づいたのです。人が定着しないという泥沼です。

当時は、厳しい指導についていけずに、多くの社員が次々に辞めていきました。私はそれでもいいと思っていました。ひ弱な社員は辞めていけばいい。がんばれる社員だけが残れば、最終的には強い営業部隊ができるはずだと考えていたのです。

ところが、強い営業部隊はいっこうにできませんでした。残って頑張った結果、一人前に成長した社員も、自信を持ち出すと、躊躇なく、もっと条件のよい（と思われる）会社に転職していくからです。そういったことの繰り返しで、ザルで水を汲むような状況に、いったい私は何をやっているのだろうかと、落ち込みました。それもあって、個々人のスキルに頼らない営業の仕組みづくりを真剣に考え始めたのでした。

そういう目で世の中を眺めてみると、上手に仕組みを回している成功事例はいくらでもありました。たとえば、住宅や自動車の販売です。私が見る限り、昔はともかく、今現在、世の中で一流と言われる会社で、ベテランの営業社員が夜討ち朝駆けで家庭を訪問し、手練手管で成約に持ち込むといったような旧態然とした営業をやっているところは、どこにもありません。飛び込み営業も行われてはいますが、それも仕組みの中の一つの手法として位置づけられています。

住宅メーカーの事例を見てみましょう。住宅の販売活動は、一般的には次のような流れで進められます。

新聞折り込みチラシやＤＭで見込み客を住宅展示場へ誘う。

↓

住宅展示場のモデルハウスで、説明員が応対しアンケートをとる。
←
後日、アンケートの中から購買意欲の高そうな見込み客に電話を入れる。
←
電話でアポイントが取れれば、営業社員が説明に出向く。
←
営業社員だけで説明し切れない段階にくれば、技術営業が同行する。
←
場合によっては、資金計画の専門家を連れていく。

このような工程で成約に至り、成約に至らなかった見込み客は、引き続き顧客管理部門でフォローする。大きな流れはこのようになっています。

見事な分業体制です。チラシの制作部門は集客力の高いチラシづくりに専念します。

モデルハウスの説明員は売り込みをせず、見込み客が求める情報を分かりやすく提供します。営業社員は購買意欲の高そうな見込み客を訪問して個別の相談に応じます。このような仕組みがきちんとできていれば、モデルハウスの説明業務について、いつものAさんに代わって急きょBさんが務めることも可能です。

上記の説明で分かるように、工場のごとく営業活動が複数の工程に分けられています。標準化するには、営業プロセスを一旦科学的に細分化し、今度はそれを分業が成り立つように再構築しなければなりません。まさに「属人性を排除するための科学的営業手法」と言えるでしょう。

営業の仕組みを作ることが重要だと考えた私は、活用できそうなツールやシステムを積極的に試し、よいものはどんどん採用しました。そして、仕組みが整うに従って、FC本部の営業成績は確実に向上していきました。カバーオール事業が立ち上がった1年目を除き、私が関与するようになってからは、事業を急速に拡大しながらも、加盟店への紹介案件が不足して困るような事態は一度も起きていません。

凡人でも成果の上がるシステムとツール

カバーオールFCの営業活動を具体的にイメージしていただくために、営業の仕組みを支える主なシステムやツールをいくつか紹介いたしましょう。

代表的なものに、CTI（コンピュータ・テレフォニー・インテグレーション）というシステムがあります。営業訪問のアポイントメントを取るための電話を効率的にかけるシステムです。

私が初めてCTIを見たのは、アメリカのカバーオール社のコールセンターでした。そこではCTIを使って、一人のアポインターがいっぺんに4回線の電話をオートコールしていました。4本同時に会話できるはずがないのに、どういうことかと思われるでしょう。最初の1回線がつながった瞬間、他の3回線は自動的に切れるようになっているのです。

アポインターにとっての成果、つまりアポイントの獲得は、ターゲットと話すことでしか生まれません。効率性を極限まで追求すべく、それ以外の時間をいかに短縮するかという視点から作られたシステムと言えるでしょう。高額の投資を要するものの、その威力を目の当たりにした私は、ＣＴＩをためらいなく導入しました。

アポイントがとれ、営業社員が訪問することが決まった見込み客は、「営業プロセス管理システム」に登録されます。同システムは、当社の営業活動を支える強力な武器です。もともとは「ｅセールスマネージャー」という既存のソフトを使っていましたが、その後、さらなる機能強化を図るべく、当社が独自に開発しました。

このシステムもＣＴＩと同じように、見込み客の情報が登録できるようになっています。ＣＴＩに登録されるのが、主としてテレアポによって得られた情報であるのに対し、「営業プロセス管理システム」は、アポイントが取れてからの営業活動全般の詳細な情報を登録できます。見込み客を訪問し、ヒアリングして得られた情報やその後の商談内容です。当然、それらの情報は社内で共有され、成約に向けて、その次の営業工程で有効に活用されます。

ＣＴＩにも当てはまることですが、「営業プロセス管理システム」は見込み客情報の蓄積・活用に有効なだけでなく、営業社員の教育にも威力を発揮します。

ヒアリングや商談情報は、登録画面から営業社員が入力するのですが、登録画面を見れば、成約に至るまでの営業工程を確認できます。次にどんな情報を収集して登録しなければならないか、あるいは、次にどんな行動を起こす必要があるのか、営業社員をエスコートしてくれます。

かつてベテランの営業社員が独り占めしていた暗黙知が、登録画面に形式知として表示されているわけです。「営業プロセス管理システム」の手順に従って、素直に営業工程を進めれば、半人前の営業社員でも成果が上がる仕組みになっています。それに加えて、情報が全社で共有されているので、上司が部下の行動を把握・評価し、アドバイスする際にも役立っています。

むろん、最終的な商談の成功、つまり契約まで持ち込むには、営業社員個々人の能力や意欲が欠かせないのは言うまでもありません。重要なのは、優秀セールスマンたちが元々持っている資質に依存するのではなく、各人のスキルを高め、発揮させるような仕組みづくりに、会社が真剣に取り組む必要があるということです。

この他、半人前でも凡人でも成果の上がる、暗黙知を形式知化したさまざまなツールがあります。

その一つ、「商談シナリオシート」は、成り行きで商談するのではなく、あらかじめ自分なりのシナリオを作っておき、それをもって商談に臨むためのシートです。聞かれそうな質問を予測して答えを考えたり、相手が断りモードに入った場合の対応策を用意したりするなど、事前に想定されるシナリオを組み立てるものです。これを作ることで、思わぬ質問にうろたえたり、伝えなければならない大事なことを忘れたり、脈絡のない商談に終わってしまったりするリスクを回避できます。

一つの「商談シナリオシート」が役に立つのは、当該商談だけではありません。作ったものを、営業社員同士で回覧したり、それをもとにロールプレーイングをしたりすることで、擬似成功体験も得られます。やり方次第で、実際の商談のために作成したシートが生きた教材になるのです。疑似体験であっても、勝ちパターンを身につければ、営業力はおのずと向上します。

権限委譲で社員は大きく成長

システムの構築という観点から営業力の向上を深掘りしましたが、そのベースには経営理念が存在しています。ただし、経営理念は作っておしまいではありません。社員一人ひとりが日頃の行動に反映できるよう、社内に浸透させる必要があります。私も事あるごとに社員に説明し、あるいは、理念に沿って率先垂範するよう心がけています。

たとえば、盛和塾に入塾してすぐにつくった「カバーオールＤＮＡ」はその後、大幅に見直して、いつでも携帯できるように手帳サイズにしてダイキチの社員全員に配布しています。さらに、早朝勉強会、週1回のフィロソフィー勉強会、月1回のフィロソフィー合宿、年2回（6月・12月）のフィロソフィー論文発表会など、さまざまな機会に繰り返し伝えるようにしています。

さらに経営理念を実体あるものにするには、トップが「語る」のと並行して、社員自身が「行う」のも非常に重要です。社員に思い切って仕事を任せて「やらせてみる」ということです。

もっとも、「権限委譲」は言うほど簡単ではありません。経営者仲間で話していても、「仕事は部下に任せなければならない」と言う人ほど、傍から見ていると、任せていないケースが少なくありません。とくに創業経営者は全て自分でやってしまいがちです。私もまだ100点満点を取れているとは思っていませんが、できるだけ意識して「権限委譲」の機会をつくってきました。ここからは私が代表を務めるダイキチを例に説明したいと思います。

毎年の新卒採用の業務は、入社1~2年目の若い社員が担当しています。単なる窓口業務だけではありません。面接や選考、内定後のフォローなど、採用における重要業務の一切を思い切って任せるのです。

理由の一つは、新卒者と年齢の近い社員が担当した方が、コミュニケーションが円滑になると考えたからです。しかし、もっと大きなねらいがあります。自分はまだ新人だと思っている1年目の社員を新卒者に応対させ、先輩になることを強く意識させるためです。

教わる立場から教える側になることで、「主体性」、つまり自分の判断で行動しようとする意思が育つものです。どんな社員でも仕事を任されて、目の前の課題を自分で解決しなければならない立場に立たされると、自ら考えて判断する習慣がつきます。その判断の拠り所は、もちろん経営理念ということになります。それまでトップからさんざん聞かされ、手帳にも書かれている経営理念の文言が、実感を伴って理解できるようになるのです。

時には経験不足によって判断を誤ることもあるでしょう。間違えるという体験も、その後に上司からの適切な助言やフォローがあれば、経営理念を血肉とするための絶好の機会になると、私は考えています。

新人社員に新卒採用の業務を任せる一方で、ベテランである地区本部のマネージャー全員には、加盟店オーナーさんとの定期面談を任せています。私自身も面談を行っていますが、立ち位置はマネージャーと横並びで、私もFC本部の面談担当者の一人にすぎません。それだけ各マネージャーに責任を持たせています。

加盟店との間には、日々、さまざまな課題が生じますが、きちんと対話をしていれば、課題の7割はすぐに解決します。残りの3割を解決するには、お互いが妥協するしかありません。歩み寄ることができるのは、そこに信頼関係があるからです。普段からの対話、良好なコミュニケーションがあってこそです。このように、マネージャーには加盟店オーナーさんとの信頼形成という大きな役割を果たしてもらっています。

セオリーに囚われないことを教えてくれたイキイキ社員

経営理念を形にし、それをベースにさまざまな仕組みを整備し、社員も加盟店で働く人々も、ともにイキイキと働けるFCモデルが完成しました。しかし時が移るにつれて、世の中の考え方や経営環境も変わっていきます。いつの間にか経営理念が形骸化していないか。マネジメントシステムが陳腐化していないか。常に検証が求められます。

時代の変化を待つまでもなく、新しい気づきは常にあります。

経営理念を作った頃から、私は人が本当にイキイキとするのは、単なる「お金儲け」ではなく、目標をもって仕事に打ち込んでいるときだと考えるようになりました。

私自身も「お金儲け」より、社員の喜ぶ顔を見ることが楽しみになってきました。社員旅行で空港に集まった社員たちがうれしそうにニコニコとしている、あるいは、合宿で目を輝かせて議論に熱中している、そのような社員のイキイキとした顔を見ることが経営の目的に変わってきました。だから、私は社員の能力に応じた目標やキャリアを一人ひとりに提供してきたつもりでした。

一方で、そうした考え方に当てはまらない「イキイキの仕方」があることにも気づいたのです。

きっかけは、やはり盛和塾でした。あるとき、またしても唐突に根源的な問いが投げかけられました。

「小田さんはイキイキさせ屋とおっしゃるけれど、社員全員、本当にイキイキしているのですか?」

そこで改めて、社員一人ひとりの様子を思い浮かべてみたところ、前述の「イキイキしている人は、目標をもって仕事に打ち込んでいる」という私なりのセオリーに当てはまらないにもかかわらず、イキイキとしている社員がいたのです。

将来、責任ある仕事を任せてもらいたいとか、多くの社員を束ねるリーダーをめざしているとか、良い意味での野心を彼から感じないのです。悪く言えば、向上心がない。人事評価もいまいちでした。

ところが、毎日、イキイキと働いているのは間違いないのです。聞いてみると、どうやら会社の仲間が好きで、一緒にいること自体が楽しいのだそうです。そして、そのような彼の存在が結果的に周囲に好影響を与えていました。彼がいることで、周囲もいっそうイキイキとしていたのです。

昔であれば考えられないことですが、ダイキチの「イキイキさせ屋」という定義に立脚するならば、これ以上、儲けるつもりはないと考える加盟店オーナーさんがいてもいいように、彼のような社員も当然、認めるべきだと私は思いました。

私は、仕事の成果では測れない彼の存在価値を、改めて皆の前で評価することにしました。公表することで、彼を正式に認めることを伝えたのです。不思議なもので、それから彼は仕事面でも成果を上げるようになりました。

経営理念は、日常の業務や出来事にあてはめ、常に検証することで、生きたものになるという一例です。

関係性構築力こそがトラブルの芽を摘む

本書もいよいよ終盤になってきました。カバーオール事業とそれに関わる人々が今後も発展を続けていくために必要な組織力、特に我々本部と加盟店の間の結束や信頼関係の根本について、私の思うところを述べたいと思います。

売上や利益が増えることも大事ですが、それが加盟店の方々の忍耐や不幸、過酷な労働環境のもとに成り立っているようでは全く意味がありません。

カバーオールを推進する立場としては、お客様、加盟店オーナーさんをはじめとした外部パートナー、当社の社員など、関わりのある全ての方々がイキイキと働き、イキイキと生活できる姿を実現するのが目標です。イキイキするにはお金も必要です（物心両面の幸せ）。お客様に我々の存在価値を認めていただいた結果として売上を増やし、パートナーである加盟店と本部とでそれらをシェアするという考え方です。

そういう前提に立ったとき、本部を運営する我々に最も必要なものは何でしょうか？一言で表現するならば「我々の行いや行動、その根本に加盟店に対する愛があるか」。それに尽きると思うのです。

本部・加盟店間の関係がうまくいっているとき、同じ立場をとれるときは何の心配もないでしょう。問題は両者の利害が一致しなかったり、衝突したりする場合です。普段は事あるごとに呪文のように「共存共栄」と唱えながら、ひとたびそんな事態を迎えると態度を豹変させる——そのようなＦＣ本部が少なくありません。

契約を盾に本部の都合をごり押しする本部、（実際に口に出すかどうかは別として）「加盟店が一つくらい減ってもこちらは痛くもかゆくもない」といった態度をとる本部等々。ＦＣ業界に長く身を置いているからこそ分かることですが、残念なことに、加盟店を軽視しているとしか思えないような姿勢で対峙し、トラブルをさらに大きくしているケースが少なくありません。

読者の中には、「お前のところ（カバーオール）はどうなんだ？」と思われる方もいらっしゃるでしょう。めざすところは同じであっても、本部と加盟店では立場が違いますから、カバーオールFCでも全てにおいて考えが一致するとは限りません。見解が違ったり、意見が対立したりすることも当然あります。しかし大きなトラブルになることはほぼ皆無です。むろん訴訟沙汰になることもありません。

そういう話をすると、「加盟時点でよほどきちんとした契約が交わされているのだろう」とか、「法務対策が万全なのだろう」といった推測・解釈をされることがありますが、それは全くの見当違いです。

「契約書にこのように書いてあります。それを前提にハンコをついたのですから、たとえ気に入らなくても守ってもらいます」「従わないのであれば契約を解除させて（ペナルティを課させて）もらいます」……このような主張・強弁をして話が丸く収まるでしょうか。私は決してそうは思いません。舞台が訴訟の場に移ることになれば、「それが元々の約束だった」と主張する材料となり、有利に働くかもしれませんが。

カバーオールのような個人向けの（B to C型の）フランチャイズ・システムにおいて、最終的に何がものを言うか。それは「人間力」しかありません。

もっと噛み砕いて言いましょう。「ちょっと意見は違うけど（これだけお世話になっている）あなたがそういうなら仕方ないねぇ」「少々こちらには厳しいけど（いつも我々のために一生懸命やってくれる）あなたの顔を立てないわけにはいかんわなぁ」という風に言ってもらえるだけの、関係性が常日頃から構築できているか否か、ということだと思うのです。

本部においてそんな要となる役割を担っているのがスーパーバイザーです。スーパーバイザーの業務は実に多岐にわたりますが、最も重要な職務は何ですかと新入社員に尋ねられれば、私は間違いなくこう答えます。「商売と関係なく、〇〇さんのためなら一肌脱ぐよ――そう言ってもらえるような間柄になることだよ。そういう関係が築ければ、他のことも全てうまくいくから」

ＰＳ（パイオニア満足）がＣＳ（顧客満足）を生む

このように人間力だとか関係性構築だといったことを強調すると、そういうのは相性の問題もあるし、生まれ持った性格とかキャラクターに依存するんじゃないか、と思われるかもしれません。

たしかにそういう面は多分にあるでしょう。人なつっこい性分で誰とでも仲良くなれる人間、仕事は大してできないのに妙にお客様や上司からかわいがられる人間というのは、どのような組織やコミュニティでもいるものです。

そういう彼・彼女は、少しばかり得をしているに過ぎず、他の人間にだって、いくらでもやりようはあります。基本はやはりその人の身になって考えてみるということだと思います。

「この人はこれまでどのような人生を歩んできたのだろう」「どんなことで苦労したり

困ったりされているのだろう」などと感情移入し、その人の人柄や置かれた立場、家庭環境、人生の目標などに対して、誠実な関心を寄せられる人であれば、努力次第で絶対に強固な人間関係を築けるはず――私はそう思います。

ダイキチでは、年に2回、社内でフィロソフィー論文というものを募り、発表・表彰する場を設けています。半年とか1年にわたり過去を振り返り、自分の言動はどうだったのか、当社のフィロソフィーに沿った行動がとれていたか、もっとこうあるべきだったのではないか、今後の課題は何か、といったことを自分なりに総括する貴重な機会になっています。

スーパーバイザー諸君の作品を読むと、「自分なりに考えてこんな風な支援を行ったらすごく喜んでくれた」「後から考えるととてもまずい対応をしてしまい、本当に後悔した。こういった方法で挽回してやっと心を開いてくれるようになった」など、加盟店の方々と真摯に向き合う様子が描かれており、当社の社員ながら頭の下がる想いがします。

加盟店の方々から直接評価いただく機会も設けています。「あなたの担当スーパーバイザーはこまめに連絡をくれますか」「質問・相談したことについて適切なアドバイスをくれますか」といった質問に答えていただき、それがスーパーバイザーの人事評価に反映されるようになっています。

このような制度や仕組みを設けることで、担当者のキャラクターの属人性に依らず、人材育成および加盟店との関係構築を促しているのです。

ここまで本書にお付き合いいただいた方の中には、満足させる対象は顧客であって、そんな風に加盟店にばかり気を遣った運営をしていては間尺に合わないんじゃないだろうか——。そんな風に思われる方もいらっしゃるかもしれません。私はそのご意見にあえて反論させていただきたいと思います。

なぜか……我々本部が加盟店の方々に真心をもって接すれば、加盟店の方々は、同じようにお客様のところを尋ねたときに同じように真心のこもった清掃サービスを提供してくれます。

そうすれば顧客満足度は高まり契約はずっと続きます。中にはそのお客様が保有する別の事務所や工場、管理する別のマンションの清掃業務も発注していただけます。増えた売上は、本部の我々と加盟店でシェアすることになります。つまりPS（パイオニア満足）を追求することが、CS（顧客満足）を高める上で極めて有効な手段なのです。

それだけではありません。新たな加盟店の開発（発掘）は本部にとって重要な業務ですが、それさえも既存の加盟店が手伝ってくれるのです。加盟店の声をまとめた第4章には、そうした事例が複数載っていたと思います。第1章「中高年の仕事人生の再生に向けて」で述べたように、カバーオールの新規加盟数は年間約150件ですが、既存加盟店のご紹介が元で、契約に至った方もいらっしゃいます。

なぜそんな風に積極的に紹介してくれるのか。成約した場合に少しばかりのお礼はしていますが、加盟店オーナーさんたちはそれを期待して紹介してくれるわけではありません。

清掃の仕事やフランチャイズの仕組み、本部の支援体制など、あらゆる面を総合して、自らが取り組んでいるカバーオール事業に満足しているからです。

そのような理由による行動なので、親友や親戚、家族など、その方にとって近しい人や大切な人、信頼に足る人を紹介していただくケースが大半です。見返りを期待しての紹介の場合とは、その点に決定的な違いがあります。そのため本部にとっても望ましい方である可能性が高いのです。

本部運営に対する加盟店の満足度を測る際、アンケートを実施することも意味があるでしょう。でも自分の近しい人たちを紹介してくれる加盟店オーナーさんがどれくらいいるか――これほど本部に対する満足度を知るための有益な物差しがほかにあるでしょうか。

経営者に必要な3つの資質

経営者として、ＦＣ全体を活性化し事業を拡大するという目的において、私が必要だと考える３つの資質についてお話しいたしましょう。「資質」と書きましたが、決して先天的なものではなく、意識して努力すれば誰にでも後天的に得られるものです。

第一に、最後まであきらめない情熱や執念を持ち続けることです。

皆さんご存じのように、松下幸之助氏はこう言っています。「成功とは成功するまでやり続けることで、失敗とは成功するまでやり続けないことだ」。発明家トーマス・エジソンも、少し異なる表現で同様の言葉を遺しています。「私は失敗したことがない。ただ、1万通りの、うまく行かない方法を見つけただけだ」

私は大学も出ていませんし、決して出来のいい人間ではありません。私より優秀なビジネスパーソンは山ほどいます。

そもそも人間の才能にそれほどの差はないと思います。プロの世界では、スポーツでも囲碁や将棋などでも、紙一重で勝敗が分かれます。わずか1センチ、わずか1秒、あるいは、たった一手の違いです。そのわずかな違いは、才能の差以上に、どうしても勝ちたいという情熱や執念から生まれるのだと思います（それも含めて、才能というのかもしれませんが）。

ビジネスにおいても、ひたすらコツコツと継続する情熱、何度失敗を繰り返してもチャレンジを続ける執念が、成功する秘訣だと私は確信しています。

第二に必要なものは、信念です。

会社を経営していると、何が正しい選択なのか、思い悩む場面に何度も直面するでしょう。どんな選択をしても間違った方向に行きそうで、身動きが取れなくなります。それでも経営者は決断を下して前進することが求められます。

そんなときには、経営理念に則して決断し、それが正しいとの信念を貫いて実行することが大切です。

そもそも難しい選択を迫られたとき、唯一絶対の正解などありません。事業を続けるのか、撤退するのか、いずれも正しい答えになり得ます。多額の融資を受けて事業を拡大するのか、手元の資金で試験的に始めるのか、どちらも間違いではありません。

迷いを吹っ切るのは、決断した方が正しい答えなのだという信念です。

第一の情熱や執念も、第二の信念も個人の内に秘めたものですが、成功するにはそれだけでは足りません。第三に必要なのは、とてもオーソドックスなものですが、周りの人たちの協力とそれに対する感謝の気持ちです。

経営者の最大の喜びは、社員をはじめとする関係者の成長を見ることができることです。もちろん、経営者の大きな役割の一つは、高い収益を安定的に上げ続けることですが、数字のみにこだわり、自分の稼ぎだけを追い求めるようでは、経営者として不適格だと思います。

人の成長を喜べるようでないと社員はついてきません。それは中長期的に見れば、経営にとって大きなダメージになります。経営者は一人ですが、事業を成功に導くには、社員をはじめとする関係者の協力が絶対に必要だからです。

さらにそうした周囲の理解と協力に感謝する気持ちも忘れてはなりません。「利他の心」を基本に据えた行いが、周囲の人との絆を太くし、それが事業や人生をより豊かなものにしてくれます。かつて稼ぐことのみに夢中になり、「勝てば官軍」だと思っていた私が言うのですから、間違いありません。

私は若い頃から「立派な経営者になりたい」という夢を持って、自分なりに必死に努力を重ねてきました。その過程で、自分の勝手な目標を叶えるための道具・手段のように部下に接した結果、彼らの離反や一斉退職といった事態を招いたこともありました。

それまでのやり方や生き方の修正を迫られ、迷走する中で、さまざまな方から助言や支援をいただき、ダイキチでは「イキイキさせ屋」という事業コンセプトにたどり着きました。その後は、カバーオール全体での実践を通じてこれを磨いてきました。

それでもまだ道半ばです。カバーオールＦＣは、他にはないオンリーワンのモデルですが、まだ事業規模は小さく、社会的には微力です。しかし、独立開業者に寄り添い、そういった方々と協力して魅力あるサービスを展開することで、日本のＦＣビジネス市場を活性化したいと考えています。

とてつもなく大きな夢ですが、きっと実現できるはずです。本書を読んでもし共感いただけたなら……どんな形でも構いません……日本全国をイキイキとさせられるよう、ぜひ一緒に取り組んでいきましょう。

おわりに

前章の最後に「経営者に必要な3つの資質」を紹介させていただきました。実を言うと、もう一つ私が重要だと考える資質があります。これは、経営者のみに肝要というわけではなく、どのような立場のビジネスマンであっても……いや、あらゆる人が充実した人生を生きるために欠かせないものだと思っています。

それは、他人のしていることでよいと思うことは、すぐに真似することです。

私はサラリーマンの頃も経営者になってからも、成功したこともあれば、失敗したことも数知れずあります。中には、非常に大きな失敗もあります。それでも今、曲がりなりにも会社を経営できているのは、一つの得意技を持っているからだと思っています。それが真似ることです。

これまで私が取り組んできたことのなかには、自ら思いついたものもありますが、他社や他人がやっていることを真似したり取り入れたりしたものが、少なからずあります。10個のアイデアを考え出すのは、至難の技です。しかし、10個のアイデアを真似るのは、今からでもすぐにできます。真似ることほど簡単で効率的な方法はありません。

どの会社でもどんどん真似をしてよさそうなのに、それほど多く見かけないのは、ちょっとしたハードルがあるからだと思います。

そのハードルの一つがプライドです。

「あんな小さな会社がやっていることを真似できるか」とか、「部下の真似などできるか」などと思っているからではないでしょうか。プライドを前に出しすぎるのは、進歩の大きな邪魔になります。素直に実行してみるべきです。

もう一つのハードルが猜疑心です。

「本当にこれでうまくいくのだろうか？」

猜疑心の解決方法は簡単です。四の五の言わずにやってみることです。それでうまくいかなければ止めればいいのです。うまくいくかどうかを疑って悩んでいる時間がもったいないと思いませんか。

本書では、働き方の選択肢の一つとして、当社が展開するカバーオールのＦＣモデルを紹介しました。このモデルができ上がるまでの経緯や独自性などを解説してきました。読者の皆様は、共感していただける箇所だけでなく、納得のできない箇所もあったかもしれません。日本の一般的なＦＣには見られない考え方や方法論も多いため、ご批判いただくことがあっても不思議ではありません。もしご批判をお聞きできるような機会があれば、真摯に受け止めたいと思っております。

その一方で、一つでも参考にしていただける点がありましたら、ぜひとも、すぐに真似していただければと思います。

私はカバーオール事業のＦＣモデルこそ、日本のＦＣビジネスの今後の発展を促すモデルだと確信しています。当社だけにとどまらず、本書を読んで賛同していただける方がいらっしゃれば、このモデルの普及に一緒に取り組んでいただきたいと思っています。

本書は、ＦＣ加盟を考えたことがなかった方はもちろん、既にどこかのＦＣに加盟している方、これから加盟しようと考えている方、当社のライバルになるかもしれない他のＦＣ経営者やそこで働く社員の方々にも読んでいただけるように執筆いたしました。将来、どこかでお会いする機会がありましたら、「小田さんの本を読みましたよ」と、ぜひ気軽にお声がけください。

人は成功すると慢心しがちですが、成功したときこそ、「感謝の気持ち」を忘れてはならない。このことも松井会長に教わり、盛和塾で学んだ大切なことです。自戒を込めて申し上げると、自分だけの成功だけで満足し、そこに甘んじているようでは、本当の成功とはいえないと思います。それでは、自分に続く若い人たちを育てられません。「人材育成」という経営者の最も大切な役割を果たしていないということです。

多くの方々から学ばせていただいた私は、そのことに対する「感謝の気持ち」を行動で示すべく、今度は若い人たちの成長を後押ししていかねばなりません。日頃の仕事を通して、当社の若い社員に接しているように、この本を通じて、若い読者に少しでも私の思いを伝えることができたなら、これほどうれしいことはありません。

最後までお読みいただき、本当にありがとうございました。

【著者プロフィール】

小田吉彦（Yoshihiko Oda）

株式会社カバーオールジャパン 取締役
株式会社ダイキチ 代表取締役社長

1992年、株式会社ダイキチ入社と同時に新規事業フラワー事業部の事業部長に任命され、さまざまな営業方法を取り入れて業績を大幅に伸ばした。1996年11月、分社制度により株式会社ベレーロが設立され、その取締役営業部長となる。1999年6月、カバーオール事業部の営業部長に就任。2002年6月、同事業部がダイキチカバーオール株式会社として分社し、同社の代表取締役社長に就任し、以来増収増益を続けている。2002年10月、株式会社カバーオールジャパン取締役に就任。2021年6月、株式会社ダイキチとダイキチカバーオール株式会社の合併に伴い、株式会社ダイキチの代表取締役社長に就任。

著書に『定年後の仕事と生活——もっと自由に！　もっと楽しく！　もっと豊かに！』（ダイヤモンド社）、『年商20億円社長が教える「これが商いだ！」——人を伸ばせば、会社も自分も伸びる』『増収増益社長が教える「これが商いだ！」』（以上、同文舘出版）、『凡人だから成長する！　社員がイキイキと働くマネジメント術』『イキイキさせ屋——増収増益を続ける会社のビジネスモデル』『失敗しないフランチャイズ経営の極意——FCビジネスで社会をイキイキさせる』（以上、出版文化社）がある。

※ 株式会社ダイキチおよび株式会社ダイオーズ ジャパンのカバーオール事業について、
詳しくは下記をご覧ください。

株式会社ダイキチ	https://www.coverall.co.jp/
株式会社ダイオーズ ジャパン	https://www.daiohs.co.jp/lp/coverall-fc/

今の職場で定年まで働くことに疑問を持つあなたへ

2023 年 12 月 2 日　初版第 1 刷発行
著　者　　小田 吉彦
発行所　　株式会社 出版文化社
〈東京カンパニー〉
〒104-0033 東京都中央区新川 1-8-8 アクロス新川ビル 4 階
TEL：03-6822-9200　FAX：03-6822-9202
［埼玉オフィス］　〒363-0001 埼玉県桶川市加納 1764-5
〈大阪カンパニー〉
〒532-0011 大阪府大阪市淀川区西中島 5 丁目 13-9 新大阪 MT ビル 1 号館 9 階
TEL：06-7777-9730（代表）　FAX：06-7777-9737
〈名古屋カンパニー〉
〒456-0016 愛知県名古屋市熱田区五本松町 7-30 熱田メディアウイング 3 階
TEL：052-990-9090（代表）　FAX：052-683-8880
発行人　　浅田 厚志
印刷・製本　シナノパブリッシングプレス

Dierected by Yuki Sakai, Co-edited by Koichi Tabata
ISBN978-4-88338-714-4　C0034